ふわふわ主婦の

空家をうまく貸したら
月収70万円超え!?

インバウンド旋風で儲ける

「おもてなし」不動産投資

ふわふわ主婦大家さん
板垣ひろ美

巻頭カラー

『ふわふわ主婦大家さん』の和モダンリノベーション事例！

向島“再建築不可”戸建て

東京のセカンドハウスが外国人向け賃貸に大変身!

私が憧れの東京で購入したのは、浅草駅から隅田川を渡ってすぐにある向島の戸建て。個性のない平凡な外観を、京都の町家をイメージでリノベーション。ドアと照明を取り換えて、格子をつけて雰囲気を出しました。

平凡な戸建てを京都の町家風に…

工事中の状態です。もともとあった丸い窓は活かすことにしました。

「和」を感じるリノベーション住宅 塗装仕上げがインパクトを与えます

もともとの壁の材質を活かした塗装で仕上げました。バスルームは既存の壁に桧をはりました。

ダイニングセットとは別に、くつろげる畳《たたみ》のコーナーをつくり、和と洋でのおもてなしです。

リビングダイニングは
和洋折衷のくつろぎスペース

西浅草"借地"戸建て

古びた床屋さんが外国人向け宿泊施設に大変身!

地下鉄浅草駅から徒歩5分の古びた元床屋さんが、可愛らしい和モダンハウスに大変身しました。大がかりなリノベーションで、外国人向けの簡易宿所として、これからたくさんのゲストをお迎えする予定です!

ジョリパットでのこだわり職人仕上げ

ガラス窓をボードでふさぎ、前面を壁にしました。塗り壁は私の思い描くパターンで職人さんに仕上げていただきました。扉は防火扉へ交換。

帳場とリビングを仕切る格子は赤が見え隠れするようにデザイン

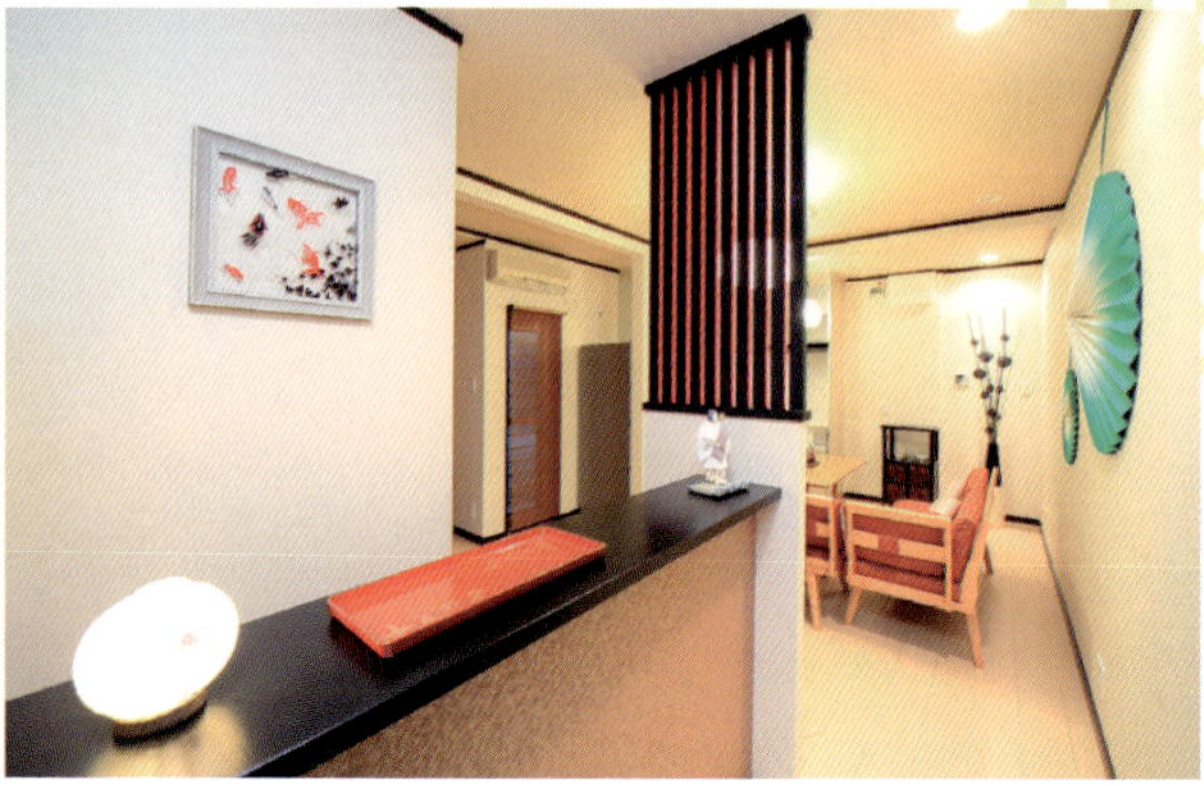

簡易宿所では 帳場が必須ということで、オリジナルの和風カウンターを造作しました。

既存のガラス引き戸をモダンにアレンジ

和風の小物を使って、外国人ゲストに喜んでもらえるように飾りました。

洗面所とトイレを追加で設置しました。ホテルライクなデザインですが、可愛らしさも残しています。洗面所は清潔感も重視しています。

可愛らしさと清潔さをあわせ持つ水回り

簡易宿所では不燃クロスを使用しなければなりません。また、非常口の案内も必ず設置します。

はじめに

はじめまして。外国人向け物件のデザイナーをしている、板垣ひろ美と申します。

デザイナーといっても設計から携わっているわけではありません。クロスやフローリングを選んだり、ドアや扉など建具、照明、キッチンやバスルーム、洗面所といった水回り設備、玄関まわりや外壁など、物件の様々な部分のデザインを決めていく内装中心のデザインを行っています。

女性にはおうちが好きな人、インテリアが好きな人は多いですよね。私自身、もともと可愛らしいもの、キラキラした綺麗なものが大好きで、小さなころから部屋の間取りを見たり、考えたりすることも大好きでした。

そんな私がはじめて行ったデザインの仕事はシェアハウス。内装や外装だけでなくて、カーテンやダイニングテーブル、ソファ、ベット、日常に使用する棚といった家具も選びました。

このようなお仕事ができることを大変うれしく思っていますし、私の昔からのお友達からは「よかったね！」と言われます。

というのも、私自身もそれなりに努力はしていますが、今この仕事ができているのは、偶然のご縁といえるからです。

私はデザインの仕事を学校で学んだわけでもなく、独身時代に専門の会社で修業したわけでもなく、本当に平凡な主婦でした。

主婦歴は25年、子どもは3人を育てあげています。一番下の子が大学生になったときに「私のお母さん業もそろそろ終わりだな」と思いました。

そんなときに、こう思ったのです。

「これからはもっと自分の好きな人生を歩みたい」

とはいえ、それまでがつらい人生だったということはまったくありません。

優しい主人と可愛い子どもたちに恵まれ、また、私には10年以上続けている趣味がありましたので、充実した楽しい毎日を送っていましたから。

ただ、ちょっとだけ、「もっと違うことをしてみたいな」「自分の可能性を試してみたい」という気持ちがあり、ずっと主婦をしてきた私からしてみると、「仕事をする！」「お金を稼ぐ！」というのは、未知の体験で憧れがあったのです。

そんな地方暮らしの主婦が、なぜ憧れの仕事ができるようになったのか・・・その詳しくは、この本の第1部に書きましたが、私が読者の皆さんにお伝えしたいのは充実した仕事の先で見つけた、もっともっとステキな可能性を秘めた話です。

それは不動産投資を行うこと。つまり、大家さんとなって賃貸物件を経営することです。

一般的に不動産投資というと「アパート・マンション」のような一棟ものを

想像される方が多いのですが、「戸建て」や「シェアハウス」といったものもあります。

昔であれば、賃貸物件を所有するのは、地主さんだけでしたが、今はサラリーマン大家さんもたくさん増えて、本屋さんへいけば「不動産投資」のテーマでたくさんの書籍が並んでいます。

私はこれまで独学ながら建築やインテリア、カラーコーディネイトなど、住まいにかかわる様々なことは学んでいましたが、コスト意識・・・いってみれば「お金」への気持ちは薄く、あまり考えたことがありませんでした。

でも、賃貸物件というのは「商売」です。とにかく収益をあげなくてはいけないということで、コスト意識について学ぶためにも、不動産投資を知るために、たくさんの本を読みました、そして、目からうろこがポロポロ・・・。

私自身はそれまで「投資をしてお金を稼ぐ」という考え方は一切ありませんでした。でも、主婦が運用するお金って日々の生活費はもちろん、子ども教育、それから老後、介護・・・じつは人生すべてのお金なんですよね。

不動産投資と聞くと、なにか賭け事や難しいことに思えましたが、株などと同じく「投資」の一つであること、自分の今あるお金や銀行から借りたお金を最大限に生かして、自分の人生を豊かなものにすること、そのための手段なんだということを理解しました。

それまで、「投資」という耳慣れない言葉で、頭の中がモヤモヤしていたのですが、自分自身がすっと納得できたところから、お金をかけないアイディアや、お金をかけたときには最大限の費用対効果を得るためのアイディアがたくさん浮かぶようになって、デザインの仕事も大きく評価されるようになりました。

そして私自身も不動産投資をスタートさせました。将来的に不動産投資を行うための準備のつもりでしたが、ご縁があって賃貸物件を所有することができました。

ここでキーワードとなったのは「おもてなし」です。「投資」と「おもてなし」

がまったく別の言葉ですが、私の中でぴったりと重なる瞬間があったのです。

２０２０年の東京オリンピックが決定される前、滝川クリステルさんがこうおしゃっていました（日本語に訳されたものの一部を要約しています）。

「おもてなし・・・それは訪れる人を心から慈しみお迎えするという深い意味あります。日本人には先祖代々受け継がれてきたもので、現代日本の先端文化にもしっかり根付いているのです。そのおもてなしの心があるからこそ、日本人がこれほどまでに互いを思いやり、客人に心配りできるのです」


私はこのプレゼンテーションをテレビで見て、「なるほどな」と思いました。それはもう1年以上も前のことですっかり忘れていたのですが、私の娘がたくさんの外国人と交流する大学生活を送っていることを通じて、外国人が日本の「おもてなし」に対して、喜びや感動を受けていることを知りました。

また私自身が今の仕事をしていく中で、日本の素晴らしさをたくさん発見しました。

たとえば、古くてボロボロで廃屋にも見える戸建ての壁や床をはがしてみると、意外にもしっかりした躯体が現れることがよくあります。それは何十年も前の大工職人さんがきちんとした技術で、丈夫な家を建てているのですね。

お寺や神社など歴史的な建造物でなくても、古くからある日本の職人さんの技術はあちこちでみることができます。

逆に最新の建築資材や設備は驚くほど高機能で、メイドインジャパンの素晴らしさを目の当たりにします。デザインも「洋」だけでなく「和」もあり、古いものだけが日本情緒のように思っていた私にとっては衝撃的でした。

そんなこともあって、それまでヨーロッパの家に憧れていた私は、日本の良さを取り入れた戸建てを自分のセカンドハウスとしてつくりあげました。外国人からとても評判で、結果的に貸し出すことになりました。

私の中では、「おもてなしハウス」と呼んでいましたが、外国人向け貸戸建となった結果「おもてなし不動産投資（おもてなし投資）」となりました。

そして、現在は、さらにアイデアを盛り込んで、外国人向けの宿泊施設をつくる「おもてなしプロジェクト」を行っています。

具体的にいえば、簡易宿所（簡易宿泊所）です。詳しくは本文に譲りますが、古くて価値のない空き家が、日本の「おもてなし」の心と技術によって、息を吹き返し新たな価値が産まれ、お金も産み出すのです。

いま国家をあげて、インバウンド施策に取り組むなか、様々な分野で「インバウンド旋風」と呼ばれる新しいビジネスモデルがはじまっています。そして私の方法は、不動産投資業界での「インバウンド旋風」と呼ばれる方法のひとつのようです。

でも私は不動産投資のプロでもなく、大家さん歴も浅い新人ふわふわ主婦大家です。ルールとかはよくわからないので、自分で「これだ！」と思った方法を信じて、突き進んでいました。

すると、月に20万円の家賃収入の物件が、３か月で月に70万円の収入を得る物件に生まれ変わっていました。
最近家賃年収○億円、大家歴十何年などという、凄腕の大家さんに会う機会が増えてきたのですが、私のやっていることをお話すると「これは不動産投資革命だよ！　すぐ私もやりたい！」「こんな方法できるんだ・・・。よく考えついたね?!」と驚かれます。でも、私は思いついたまま行っているだけなんで、なにがどれだけすごいの!?　と逆に驚いています（笑）。

そんな話がどこからか出版社さんに伝わり、ご縁が生まれ、今回本を書かせていただくことになりました。
本当に拙い私なりの方法ですが、この本でその方法をお話させていただければと思います。興味をお持ちになった方は、ぜひ読み進めてください。

板垣ひろ美

目次

巻頭カラー

第1部 普通の主婦から大家さんへ 編

3章 どうせだから、外国人に貸出してみたら儲かっちゃった?!

コラム

第2部

おもてなし投資（簡易宿所投資）編

1章

今までの「月極家賃」じゃなく、「30日×設定料金」を目指せるって本当??

～簡易宿所投資の魅力と基礎知識～

2章 ふわふわ主婦、おもてなし投資プロジェクト始めました！
～簡易宿所取得から、リフォーム、完成までのドキュメント～

3章 ふわふわ主婦のおもてなし投資・運営術
～簡易宿所で不動産投資をするメリット・デメリット～

第3部

Airbnb、突撃取材 編

それで
それで、
ここんとこ
もううっと
詳しく!!!

第1部

普通の主婦から大家さんへ編

私は地方都市に生まれ育ち、主婦歴25年の中で、子どもを3人育てあげました。子育てしながら、マイホームを2軒デザインし、お花の教室をきりもりしてきました。

きれいなものが大好きで、インテリアも大好きだった私、そんな私が憧れの東京で、プロのデザイナーとして活躍することになるなんて！

それから、縁あって不動産投資に目覚め、古びた昭和のおうちをリノベーション。日本情緒たっぷりのおもてなしハウスの大家さんになったのです。

1 章

半分東京、半分静岡。ふわふわ主婦のドタバタ生活はじまる！

地方都市に住み、子育てと趣味のお教室に一生懸命だった、ごくごく平凡な主婦の私。子どもとお花以外に何が好きかと言われれば、それは「おうちづくり」でした。ただの主婦のこだわりの家づくりが憧れの仕事につながるまでの軌跡をお話します。

♧大好きな家づくり

私は静岡県の浜松市で、生まれ育ちました。うなぎパイが有名で、風光明媚な浜名湖があり、スズキやヤマハといった大企業がある、温暖な気候ののんびりした街です。

浜松で育ち、高校短大で愛知県名古屋に出ました。しばらく名古屋で働いたのち、浜松に戻り主人と出会い結婚。地元で子育てをして、ずっと家庭を守ってきた、ごくごく普通の専業主婦です。

そんな私が、興味を持ったのが造花です。たまたま見に行った展覧会で知ったのですが、日本古来からの伝統産業のひとつである生糸の元となる繭から美しいお花をつくりだします。

一目見て気に入った私は、名古屋のお教室に通い、そのうち自分でも生徒さんに教えるようになりました。まだ下の子が3歳のとき、自宅で「造花」のお教室をはじめました。

はじめはたった1人の生徒さんでしたが、そのうち100人以上に増え、楽しくて充実していました。午前、午後の教室で、月の半分くらい生徒さんが自宅に来てくれるようになりました。

当時は仕事をしている意識ではなく、あくまで趣味の延長でした。

お花に限らず、もともと私はキレイなものにすごく興味がありました。家のデザインやインテリアも大好きです。

ずっとマイホームに憧れていた私は、結婚と同時に自宅を新築するという恵まれた環境でした。もう25年前の話です。

近所の個人で経営しているような昔ながらの大工さんに建ててもらいました。外装から内装、家具もすべて自分の好みで決めました。

1軒目を建てた時代はクラシックで重厚なイメージが流行っていたこともあり、床は暗い色を選びました。柱も茶系でシック、イギリスのようなテイストです。

みなさんもそうだと思いますが、1軒目の家はいろいろ不具合があり、後で不便さが出てきました。

当時はあまりに無知でした。何年か経つうちに新しい家がどんどん建ってきて「こういう家がよかったな」「もっとこうしておけば！」と後悔ばかり。

家は一生のうちに三度建てなければ満足するものができない・・・と言われますが、本当にその通りだと思います。

私の場合は、結婚してすぐに建てたこともあり、子ども部屋のスペースも考えていたのですが、使い勝手が悪いところも出てきて、実際に子どもが3人に増えて手狭になるなと不便な面もありました。

後に義父が、気に入って購入した土地で新たにマイホームを建てることにな

1章
半分東京、半分静岡。ふわふわ主婦のドタバタ生活はじまる！

りました。私にとって2軒目の家です。

今度こそ、後悔のないように自分の想いをありったけこめて家づくりを行いました。

2軒目はハウスメーカーですが、輸入住宅のような洋風の家です。一年くらいかけて外観もインテリアも細部に至るまで全て自分で決めました。

「廊下の壁を曲面にして」「階段をアイアンの手すり付のアール階段にして」と徹底しました。アイアンの手すり付のアール階段とは、シンデレラのお城に出てくるような階段です。

この頃になると、お花の生徒さんが増えてきたのでお教室のためのサロンもつくりました。

すでに子どもは大きくなっており、汚す心配もないので、家全体を白を基調に仕上げました。

憧れのパリのホテルのようなイメージが自分の中にありました。それが7年前のことです。

新しい家に引っ越してからは、前に住んでいた家は貸家に出しています。

♧地方の主婦が東京へ！

地方都市の浜松では、なかなかない珍しい家とあって、建ってから3か月間は友人がいろんな人を連れて、我が家を見に来ることがよくありました。

とくに造花のお教室用のサロンは、インテリアも徹底して私の好みで仕上げたのですが、ご好評をいただきました。

その中で、お部屋を友人がブログやフェイスブックで紹介してくれたのです。

「このサロンは、この家の奥さんがデザインやインテリアをすべてやっている」と書いてくれました。

それが巡り巡って、東京の不動産コンサルティング会社の社長の目に留まり、声がかかりました。2013年2月のことです。

「不動産投資用の物件をつくっているのですが、内装を女性目線でデザインしてみませんか？」

そのお話をいただいたとき「絶対にやりたい！」と思いました。

私はもともと自分がやりたい、したいことについては、惜しみなく行動するタイプです。家庭の主婦ですが、すでに子どもも成長しており、手がかかりません。

そこで、私は主人の理解を得て、月に2〜3日ほど上京し、あとは電話でのやりとりを中心に、物件のデザインにチャレンジすることになりました。それが2013年の6月です。

当時、大学生の息子も東京に住んでいたこともあり、行きやすかったのです。なにより、浜松と東京間は新幹線ひかり号を使えば1時間半で、日帰りも可能です。

初めて手がけさせていただいたのは目黒区の池尻大橋にある女性向けのシェアハウスです。デザインは自分の一番好きなホワイトを基調にしました。壁紙は白をベースにして、女性らしい花柄も使いました。パリが好きなのでシャンデリアや、パリ風の猫足の家具を取り入れました。

勉強しながらやらせてもらい、1軒目が2014年1月に仕上がりました。時期もよかったのですが、1か月かからず満室になりました。そして「ぜ

ひ次回もお願いします！」と言っていただけました。

いくら好きだからといっても、これまでは自宅です。仕事として行うというのは、はじめてで緊張感もありました。

じつは、白で注文したはずが、黒色の家具が届いてしまい、1日かけて自分で塗装した失敗もあります。

それでも1棟目の物件は成功して、私はデザインの仕事がますます好きになり、「もっともっとやりたい！」と思ったのです。

♧月のうち半分を東京で働く

ここで問題が起こります。仕事は発注いただけるのですが、物件は1軒1軒ではなく、同時進行で何物件かを進めることになります。

同時進行していかねばならないため、「これからもやるなら、最低でも月の半分は東京に来ないと難しいですよ」と言われました。

たしかに、月数回ではとても間に合いません。それからは必死に主人を説得しました。

その時点で末の娘の大学も決まり、3人の子どもが全員上京することになります。お世話をする子どもが、家には誰もいないのはチャンスでもあります。

「頼めば、なんとか行けるかな?」という状況ですが、主人からは最初「何でそんなことをやらなければいけないの?」と反対されました。

私としては子育ても終わり、主婦として母として、妻はまだですが（笑）ここまでは責任を持ってやりました。

あと数年、自分の時間が欲しい・・・そのように頼み、1か月くらい時間はかかりましたが、「自分の人生だからやってみたら?」と賛成をしてくれるようになりました。

理解してくれた事には本当に感謝しています。

こうして2014年4月から東京と浜松を行ったり来たりの生活がスタートしたのです。

東京に1週間行ったら、次の1週間は浜松に戻る、を繰り返し。お花のレッスンもあったので、浜松に帰ったら毎日お花の教室です。

私は建物やインテリアについては独学でいろいろ学んでいましたが、不動産投資についてはまったく無知でした。

社長にいろいろ話を聞いて「東京はすごいな、地方と違うな！」と実感しました。規模もスピードも違います。

なにより、私のまわりで不動産投資をしている人なんていませんでした。しかし、今から考えると、我が家も以前住んでいた戸建てを賃貸に出しているわけですから、まったく無縁というわけではなかったのですね。

自覚していないだけで、不動産投資は身近なものなのだということを知りました。

2 章

ふわふわ主婦、不動産投資に目覚める！

ご縁がつながって、東京で本格的に働きだした私。東京が半分、地元が半分・・・それも大学生の娘と2人暮らしという変則的な生活がスタートしました。そして、不動産投資を学び東京の下町で戸建てを購入する決意します！

♧投資としてのお部屋づくりを猛勉強！

もともと建築、インテリアデザインの本は読んでいたのですが、それからは不動産投資の本をたくさん読みました。

今まで知らなかったのですが、新宿の紀伊国屋書店みたいな大きな書店に行けば、本棚まるまるひとつが不動産投資の本で埋まっています。

よくわからないので、題名で興味を持った本はかたっ端から読みました。不動産業者や著名投資家さんのセミナーにも通いました。

最初は知識が乏しく、デザインを優先していましたが、不動産投資ではデザイン以上に収益性が大事ということに気づきました。

そのうち自分にとっての理想の不動産と、不動産投資としての不動産の折り合いがついてきました。

このように半年くらい猛勉強をしながら、不動産投資物件のデザインを手がけてきました。

半人前の私を使ってくれたコンサルティング会社には感謝の気持ちしかありません。とはいえ、マイホームとは違って、不動産投資物件は完成しても入居者に選ばれなければ価値がありません。

その点は、しっかり結果を残していけたので、私にとって大きな自信となりました。

♧セカンドハウスはシェアハウス

そのころ、月のうち半分泊まっていたのがシェアハウスです。自分でシェアハウスを手がけたことで、家具もいらない、身ひとつで来られて便利だと知りました。

住んでいたのは私が手掛けた物件ではありませんでしたが、馴染みのある池尻大橋の女性専用シェアハウスでした。

家賃は光熱費込みで7万2000円。共有の家具やテレビ、キッチンがあり、着替えだけ持って来ていました。


それにしても、東京は家賃が高いですね！ 私は7万2000円、娘は6万円くらいの家賃でした。

娘の部屋は板橋にあり、通学に不便という理由から、「親子でいっしょに住もう！」という話になりました。

予算は2人の家賃を足した13万円。これだけ出せば、キレイで便利なところに住めると思いました。

しかし、調べてみたところ、それほどステキなところには住めなくて、世田谷区の用賀にある12万8000円の築浅アパートに決めました。

予算は同じですが、いろいろ調べてキレイな部屋に引っ越すことができて満足でした。それが昨年の秋ごろの話です。

♧娘の友人と国際交流

娘は国際交流関係の学科にいます。留学生を受け入れており、外国の学生さんが、私たちの東京の部屋にちょくちょく遊びに来ていました。

それまで私が仕事で行き来をしていたのは、いつも渋谷周辺でした。仕事でオフィスからオフィス、現場と自宅の部屋を往復するだけの生活でした。

娘は留学生を連れて、よく東京案内をしています。私は仕事で来ているから当然といえば、当然なのですが、東京観光はほとんどしていません。

あるとき、娘と留学生の話を聞いていたら、人気があるのは浅草や上野といった下町、そしてスカイツリーの近くということです。

それで一度、私も下町に出かけてみました。浅草は10年ぶりですが行ってみると楽しい街です。

この街には日本の良いところがたくさん凝縮されているのがわかります。なにより外国人旅行客がたくさんいて、すごく盛り上がっていました。

10年前に行ったときはお寺があり、下町のイメージしかありませんでした。また、平日だったせいか閑散としていました。

それが今は平日にかかわらず人の数が多く、いろんな言語が飛び交っています。なにより一番驚いたのは、観光バスがひっきりなしに走っている光景です。


年が明けて2015年になり、ますます「わあ！」と気づくことがたくさんありました。テレビでも中国人の爆買いツアーが紹介されたり、渋谷や新宿の家電量販店で銀聯カード（中国人だけが使うデビットカード）が使えたり。それほど日本は、多くの外国人旅行客を受け入れているのですね。

そのとき、私は今まで自分が、海外で行ってみたいところがいっぱいあり興味を持っていたけれど、逆に世界の人たちから日本は人気があるんだ！」と初めて気がつきました。

そして東京に来た外国人旅行客に浅草は絶大な人気を誇っているようです。

その頃になると、だいぶ不動産の知識も増えていたため、浅草周辺の物件価格を調べてみました。すると、私が部屋探しをしていた渋谷駅をターミナルとする住宅街に比べ、あきらかに安いのです。

地価でいえば、半額までとはいきませんが、渋谷・目黒・世田谷といった城南地域の7～8割です。賃貸物件もそんな感じです。

♧いよいよ不動産投資をはじめてみる

娘を通じた国際交流の視点にくわえて、私は不動産コンサルティング会社と契約して働いているので、不動産投資についてもどんどん詳しくなっていきました。

今まで自分の中で、不動産は「買って住むもの」と思っていました。マイホームが当たり前の世界。普通に家を建てて、そこで平々凡々と暮らす。それが、不動産投資では、家はお金を生みだす手段です。

そんな不動産投資にぜひチャレンジしてみたい気持ちが芽生えました。

私は地元の浜松以外のことは詳しく知りません。でも、不動産投資は貸してお金を得なければいけませんから、人口が減少していく地方では難しいのかなと思いました。

東京であれば人がたくさんいて需要があります。東京と浜松を比べてみると、駅前ひとつとっても違います。

浜松は夜8時も過ぎると人が歩いていませんが、東京だと深夜3時でも、早朝5時でも人が歩いています。

また、なんでも車で動く地方と違って、東京には様々な交通の便があります。電車、地下鉄、バスが網の目のように走り、外国からもたくさん旅行者がやってきます。絶対に衰えることがない街、東京。地方に住んでいる私にはそう思えました。

でも、東京の物件は浜松と比べてものすごく高いです。土地だけ見ると、倍どころではなく桁が違います。

私は東京で不動産投資をしたいと思いながら、どうやって進めたらいいか悩んでいました。

♧東京で3軒目の家を買う

そのうち、私は浜松に家がありながら、東京で家賃を払うのがもったいなく感じてきました。

不動産投資を学ぶと、不動産はお金を産むということがよくわかります。デザインの仕事をしながら、不動産投資の現場でさんざん聞いてきたことです。

そこで、家賃を産むような家が買えたらいいなと思いました。自宅とアパートを兼ねた不動産投資物件といえば、賃貸併用住宅です。

しかし、私が主人もいっしょに東京に引っ越してくるのであればいいのですが、いわば仮暮らしのような状況で、新たな家を建てるのはハードルが高い気がします。

そこで中古の戸建てを買おうと思いました。

高くて手がでないと思っていた東京ですが、再建築不可・借地・旗竿地など、様々な「ワケあり物件」があり、こういったワケありの土地に建つ中古戸建ては、すごく安く売られていることを知りました。

ここで少し、初心者の方のために、私が勉強した中古戸建て購入についてお話していきます。

再建築不可 ～思うように建て替えができない物件もある～

再建築不可物件は、建築基準法（※1）が定める接道条件（※2）を満たしていない、建築確認申請（※3）がとれない建物を指します。その名の通り、再建築（建て替え）ができない建物をいいます。

一見、幅4ｍある道路に面しているように見えても、その道路がじつは道路ではなくて、水路、暗渠（あんきょ）（※4）ということもあります。

簡単に説明すると次のような土地を指します。

・接道している道路の幅が足りない
・接道している道が建築基準法上の道路ではない
・接道しているが土地が狭く、セットバック（※5）すると家が建てられない
・もともと接道していない（水路・暗渠・袋地※6）

※1　建築基準法・・・建築物の敷地・構造・設備および用途に関する基準を定めた法律。昭和25年に制定されました。

※2　接道条件・・・建築基準法第43条の規定により、建築物の敷地が、道路に2m以上接しなければならないとする義務をいいます。

※3　建築確認申請・・・建物を建てるためには確認申請書を役所、もしくは民間の建築確認検査機関に提出して、建築物が建築基準法・条例等に適合しているか確認を受けなければならないと決められています。

※4　暗渠（あんきょ）・・・地下に設けられていて外からは見えない水溝（すいこう）のことを指します。

※5　セットバック・・・敷地に面した道路が4m満たないときに、道路の中心線から2mの線まで、道路の境界線を後退させることをいいます。

※6　袋地・・・まったく接道がない土地を袋地といいます。その場合は他人の土地を通って行き来することになり、住民トラブルがおこりがちです。

次に、一番の基本となる道路について解説します。

建築基準法の道路の定義は、建築基準法の第42条に制定されています。42条には1項から6項までありますが、主なものだけを抜粋すると以下の表となります。

建築基準法第42条

1項1号	道路法の道路	市区町村が所有していることが多い
1項2号	都市計画法、土地区画整理法等による道路	土地の開発許可を得て申請した道路
1項5号	位置指定道路	特定行政庁が道路位置の指定をした幅員4m（6m）以上の私道。申請はある一定の条件を満たした上で、道路の関係権利者全員の承諾（印鑑証明・登記簿謄本）が必要。
42条2項	建築基準法制定前の道路	建築基準法が施行された昭和25年に既に建物が建ち並んでいる幅員4m未満の道路を特定行政庁の指定した2項道路（にこうどうろ）もしくは、みなし道路と呼ばれている。建て替え時には2mのセットバック（道の中心線をより2mずつ後退すること）が必要

出典　国土交通省／建築基準法道路関係規定運用指針の解説
http://www.mlit.go.jp/common/000214472.pdf

借地 ～建物と土地は所有者が別のこともある～

借地権は、その名の通り、「借りている土地」です。借地権と所有権との違いはどこにあるのでしょうか。

所有権は所有物を自由に使用・収益・処分をできる権利のことです。特定の物を直接的に支配する権利であることから、財産権の中でも「物権」と呼ばれる権利のひとつです。

借地権は他人の土地を借りて使用する権利のことで、建物の所有が目的であれば、借地借家法が適用されます。旧法借

※7　地上権・・・建物の所有を目的として、他人の所有する土地を使用する権利です。地上権は地主の許可を得なくても、権利の売買やまた貸し（転貸借）、使用目的変更、建替え可能な非常に強い権利です。

※8　旧法借地権・・・賃貸借契約に基づいて地代を払うことで、他人の土地に建物を建てて使用することができる権利です。借地期間が満了しても地主側に「正当事由」（正当な理由）がない限り、権利が更新されます。1992年4月までに、借地権

※9　普通借地権・・・1992年に施行された新しい借地権で、当初借地権が30年、次の更新が20年、2回目以降は10年と定められています。

※10　定期借地権・・・こちらも1992年に新設されました。更新ができる普通借地権に対して、定期借地権は更新のない期限付きの借地権です。期間満了になったら、地主に必ず借地を返還しなければなりません。

地権には地上権（※7）・賃借権（※8）。新法では普通借地権（※9）・定期借地権（10）があります。

旗竿地 ～使いづらい土地にはチャンスがある～

旗型の形状をした土地で、出入り口の通路部分が狭く、その奥に家の敷地があります。旗竿上の通路部分が長い土地や、2mぎりぎりで車が停められないなど不整形で使いにくいと土地となるため、整形地（正方形や長方形など四角い形をした土地）に比べて、割安で売買されます。

仕事関係で知り合った業者さんに調べてもらったところ、ワケあり物件なら一戸建てで1000万円～1500万円程度であるそうです。それを聞いたときに「そんなに安く買えるの？」とビックリしました。そういえば浅草は安かったことを思い出しました。

これらの土地は、資産として考えると価値は落ちますが、人に貸すのであればまったく関係ありません。むしろ人気の土地を安く買うことができます。

とくに浅草のある下町周辺は細い路地が入り組んで、こういったワケありの土地が出やすい地域だそうです。

また、デザインの仕事は新築が中心でしたが、日本の建築技術があれば、木造の家をいかようにでもリフォームできます。テレビ番組の「大改造!! 劇的ビフォーアフター」ではありませんが、どれだけボロボロの家であっても新品同様になります。

こうして私は真剣に格安の戸建てを探すことにしました。

ちなみに私のプランは、純粋に不動産投資物件として買うわけではありません。というのも、「貸家にしたいから、古家を買いたい」といっても、不動産投資を知らない主人が納得してくれるとは思えません。

そこで、私と娘が数年間住む家として古戸建てを購入して、娘が大学を卒業するころに賃貸に出すというプランを考えました。
予算は1200万円です。シミュレーションでは、1200万円の家を買って、家賃を12万円で貸出すとします。

○利回りの計算

12×12＝144÷1200＝12％

利回りは12％です。そこでリフォームに数百万円がかかったとしても、利回り10％は稼げます。理屈上では間違っていません。

このまま、私と娘の家賃も、賃貸で払い続けているだけでは何にも残りません。計算してみると、家賃として払うお金が月々13万円だと年間で156万円。これを娘が学生である4年間で考えると624万円です。その分だけ、自分の購入した戸建てに住めば節約になります。

これまでと同じように娘と東京に住んで、そのうえで何かのときに貸すことができる・・・つまりお金を生む家を手に入れることができます。

また、ワケあり物件だとしても、きちんと利回りを出している不動産投資物件であれば、買い手がつくのも東京ならではのことです。

高く売れるかというのはわかりませんが、相場であれば売却ができるということも安心材料となりました。

そのように説得したところ、最初は反対だった主人も「いいよ」と納得してくれました。それが2015年2月です。

3 章

どうせだから、
外国人に貸出してみたら
儲かっちゃった？！

自分と娘のために一念発起して、激安戸建てを購入することに・・・。念願の戸建をこだわり和風リノベしたところ、外国人に大人気でいつしか「おもてなしハウス」として、賃貸に出すことになりました！

♧〝激安〟ワケあり物件を探せ！

私は不動産投資がまったくはじめてでしたが、ちょうど戸建て賃貸も流行っています。

古い家をリノベーションして貸し出す、そういった不動産投資方法が世の中にはあるのだから、私が何も特別なことをするわけではありません。

中には主婦でやっている人もいます。私自身も不動産投資物件のデザインを手がけているのだから、やってやれないことはないとスタートする決心をしました。

なにはともあれ物件探しです。私は仕事をしているし、まだ東京の地理に詳しくないのでお世話になっている業者さんに一任することにしました。

○私が探した条件

・1000万円～1200万円
・駅から徒歩10分以内
・3LDKで家族が住めるくらいの家（今後に貸すため）

本当は渋谷近辺でこのような条件に合致すればいいと思っていましたが、それはなかなか難しいようです。

自分の払える金額と、賃貸需要、暮らしの利便性を考えると、結果的に渋谷や新宿ではなく、東側（上野～浅草）エリアになりました。予算の関係上、そこに行き着くしかありません。

東側といえば浅草です。娘の友だちの留学生が来たときも案内ができます。

そこで、「浅草に歩いていける距離」という条件もつけくわえました。

２０１５年2月から土地探しをはじめて、１か月後の3月に業者から「いい土地が出ました！」と連絡が来ました。情報はレインズ（不動産業者だけが見ることができる不動産情報サイト）に載っていました。

その物件は墨田区の向島にあります。情報がきて即日に見に行ったところ、前面道路が私道なのですが、持ち分がなく２ｍの接道条件を満たしていない再建築不可物件です。

つまり私道の所有権を持っていないため、見た目には通路がありますが、建築基準法上、道路はないことになっていて、建てなおしができないのです。

東京の下町ではよくあるケースです。

なんでも元付業者は転売を専門にしており、売却に時間がかかったということで、レインズに出された経緯があります。

立地は希望通り、浅草から徒歩10分弱です。

昭和51年築で、一度リノベーション済みでしたが、これまで住居ではなくて事務所として使用されていたため、水回りを手直しする必要がありました。元々設計事務所で、1階2階が一部吹き抜けになっていたり、窓を丸くくりぬいていたり、おもしろいデザイン性があります。これなら私の知識と経験を導入して再生できそうな物件です。

金額も1080万円と予算内でした。リノベーション費用は自分の貯金でまかなうことにして購入を決めました。

現金購入ということで、トントン拍子で4月に決済をしました。

最近は、この手の1000万円前後の再建不可物件は、なかなか売りに出てこないそうです。

この数か月でかなり動きがあり、現在なら再建不可で2000万円以上するだろうと聞きました。

・物件スペック

墨田区向島／浅草駅徒歩9分
3DK　63㎡
物件価格1080万円

♧下町らしい〝和モダン〟リノベ

せっかく浅草に近い下町の物件です。これまでの趣向とは変えて「和モダン」の部屋に仕上げることにしました。リノベーションの予算は420万円、これは私がコツコツ貯めた貯金をつかいました。

お風呂はバランス釜という古いタイプだったので、新しいものに交換しました。またキッチンとトイレも、業者に頼んで直してもらい新しくしました。この水回りの手直しで180万円程度かかりました。

お風呂は、既存のタイルの上に新しいタイルを上張りして、ネットで見つけてきたモダンなデザインの置き型のバスタブを置くことにより、コストダウンしました。

そこに工務店のサービスで、上の部分だけ檜を貼れたので、予算内で結構いい出来になりました。

トイレもキッチンも量産型の賃貸用のものをセレクト、吊戸はつけずに、換気扇そのままでフードだけ取り付けることにより、見た目はキレイに生まれ変わりました。

洗面所はカウンター式の手洗いがついていたので、そこは活かして、そのまま使用しています。

それから長尺シート（店舗用の塩ビ製の床）をフローリングと畳にかえて80万円かかりました。

リビングが板張りだったので、3畳程度、一部分のみ畳にして、和風を意識して、座って食事ができるスペースもつくりました。

また、外装は玄関まわりの塗装と玄関タイル、ドアの交換で60万円です。業者さんに発注する分で320万円となりました。

終わった後に引っ越しをしてから、自分が和風モダンにデザインをして、予

3章
どうせだから、外国人に貸出してみたら儲かっちゃった?!

算を抑えてリノベーションしました。

内装はコストカットするために、2週間かけて娘と自分で部屋の塗装を行い、照明はインターネット通販で安く買いました、勉強を兼ねて分離発注や施主支給など様々な工夫をしています。

次の2点は多くの投資家さんも行っています。

分離発注 ～複数社を使い分ける～

工務店やリフォーム業者に丸ごと発注せず、大工工事・電気工事・内装工事など、各工事をそれぞれの職人さんや専門業者に発注することで、コストカットができます。工事の順番を把握したり、スケジュール進行の管理をする必要があります。

施主支給 ～自分で用意して使ってもらう～

工事に使う資材や設備を、施主（大家さん）自身が仕入れることでコストカットする方法です。今はインターネットやホームセンターの方が安く購入することができ、とくにモニター付きインターフォン、照明などは自身で手配をした方がお得です。自分でつけられるものは、自分でとりつけ、できないものは、職人さんを人工（1日ごとの工賃）で依頼することにより安く工事ができます。

リフォームのポイントは、古い柱や建具を活かすこと。「和」の要素が強い日本家屋の良さを前面に出しました。

とくにインパクトがあるのは2階和室の壁を赤い色で塗ったことです。自分の家だからこそ、ちょっと冒険をしてみました。出来栄えは、まるで映画の『キルビル』のような感じです。

♧外国人留学生に部屋を貸し出す

ここに5月から住みはじめたのですが、浅草に近い立地と和風のデザインに娘の友だちの留学生から大好評です。

以前にも増して娘の友だちが泊まりに来るようになったのですが、短期で留学してくる予定のアメリカ人学生から「正式に借りたい」というお話をいただきました。

そこで間貸しという形で、空いている一部屋を貸し出すことにしました。トラブルがあっては困るので、仲介業者さんをお願いして、定期借家契約でまず3か月にして、家賃5万円、光熱費1万円ということにしました。

この仕組みは私が住んでいたシェアハウスを参考にしました。一般的な賃貸契約は、普通借家契約といって簡単には解約できませんが、定期借家契約であれば短期で貸すこともできます。

こうして、予想外にも家賃収入6万円が入ることになりました。

普通借家契約 ～一般的な賃貸契約～

一般的な賃貸の契約が普通借家契約です。通常は、契約期間を2年とすることが多く、借り主が引き続き住むことを希望している場合、貸主からの解約・契約更新の拒絶は、貸主に正当な事由がない限りできません。問題入居者であっても退去させることが難しい、借り主が強い契約です。

定期借家契約 ～通常より短期間での貸出も可能～

定期借家契約の「定期」とは「一定の期間を定めた契約ということ」で、期間がきたら契約解除が可能です。もちろん、この契約も再契約することはできますが、家賃滞納・騒音・マナーが悪いといった問題のある入居者であれば、「再契約をしない」という判断もできます。

外国人留学生が同居するようになって知ったのですが、留学生など、ある程度長期で日本に滞在するのであれば、留学生用アパートや学生会館はあります。また、外国人向けシェアハウスという選択肢もあります。

これが個人の旅行者でお金があまりない学生たちにすれば、ホテルは高くて泊まれないそうです。バックパッカー（低予算の旅行者）向けのゲストハウスも東京には少ないそうです。

そんな彼らはAirbnb（エアビーアンドビー）というインターネットのマッチングサービスを使って、民泊をしていると話を聞きました。

言われてみれば、Airbnbという言葉をテレビなどでも聞くようになっていました。好奇心からインターネットを調べると、浅草周辺にもたくさんあるようです。

3か月後、無事短期契約が終わったのですが、今度は留学生のグループから短期で借りたいという話がありました。4人で住むらしいので家賃は1人5万円＋光熱費1万円で20万円になります。

○利回りの計算

月額収入20万×12か月＝年額家賃240万円
240万円÷1500万円（売買価格＋リノベ費用）＝利回り16％

1軒丸ごとになれば、私たち親子は引っ越さなければいけません。しかし、家賃20万円で貸せるとなれば、利回りは16％になり、当初計算していたよりも高くなりますから、別に賃貸物件を借りても充分に利益がでます。このように需要が続く限り貸してもいいかなと思いました。

そして、8月には私たちは引越しました。今は駒沢大学にあるロフト付の1LDKのアパートに住んでいます。家賃は11万円なので、手残りは9万円です。浜松と行ったりきたりしている生活なので、あまり自覚していませんでしたが、考えると1年間に3回の引越しをしています。娘には落ち着かなくて悪かったなと思っています。

また戸建てを完全に賃貸物件にするということで、知り合いの仲介業者さんに相談したところ、古い木造家屋は防火性能を高めた方がいいというアドバイスを受けました。

そこですべての部屋に耐火ボードを貼り、その上にクロスを貼りました。100万円程度かかり、結局、利回りは15％になりましたが、安全のためには仕方ありません。

1回目は主に塗装で仕上げたのですが、塗装した壁に耐火ボードを直貼りしたのでクロス仕上げとなりました。クロスはその部屋によって色味を大胆に変えました。

１回目の内装が外国人に受けたことから、２回目の内装も「和」を意識して、日本情緒を感じられる部屋にしました。

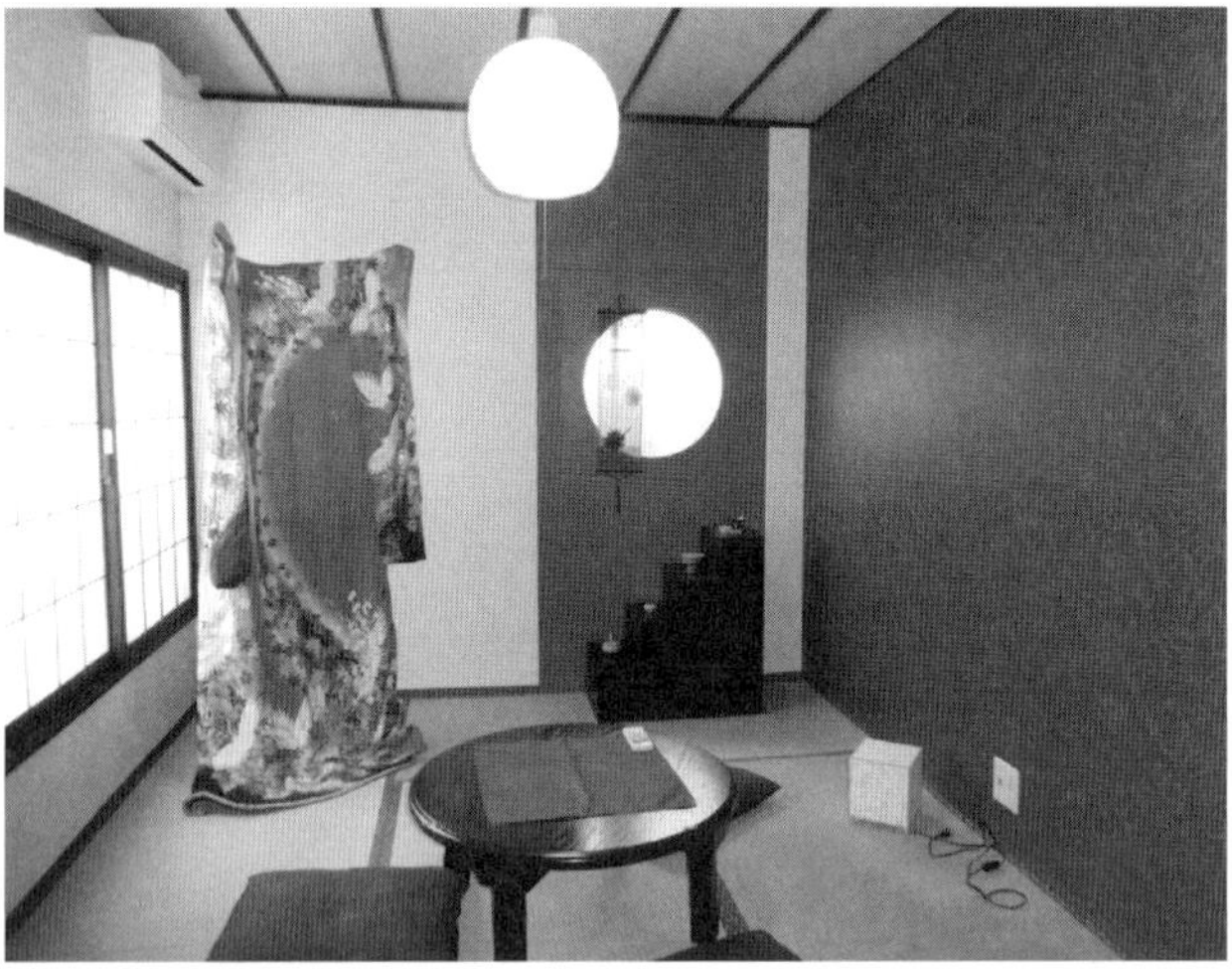

コラム

ここまで来た！ インバウンド旋風

私が「インバウンド」という言葉を聞いたのは、中国人旅行客による「爆買い」のニュースが報じられたときです。団体で大量の買い物をする中国人旅行客の様子は、テレビのニュースやワイドショーで何度も放映されていましたよね。

そもそもインバウンドとは、「外から中に入る」という意味があるのだそうです。旅行でいえば、訪日旅行を指します。

浅草寺は平日にも関わらず、外国人観光客であふれています。

実際、東京は外国人旅行客で溢れています。浜松から上京したばかりのとき、多くの外国人が街を歩いていること、電車に乗っていることに驚きました。

資料を調べてみると、日本では長い間、アウトバウンド（日本人が海外旅行に行く）に比べ、インバウンド（訪日外国人旅行）の数が著しく少なかったそうです。そこで、日本政府は「訪日旅行促進事業」を行い、将来的に訪日旅行客数を３０００万人とすることを目標として、２０１６年までに１８００万人、オリンピックのある２０２０年までに２５００万人の目標を掲げています。

実際のところ、どんな目標でも立てることは自由で、達成できるのかどうかが大事だと思います。そこで最新の情報を調べてみまし

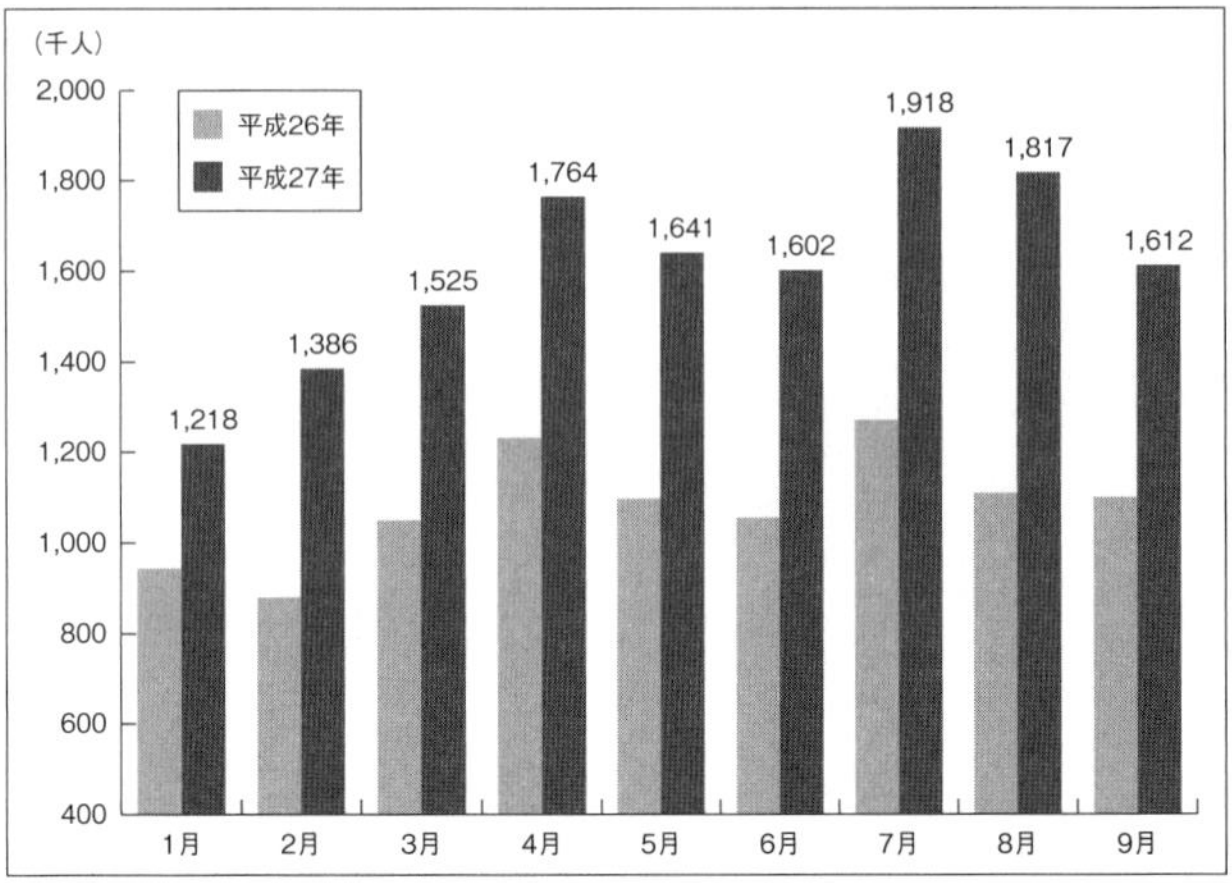

出典：日本政府観光局　平成27年　訪日外客数・出国日本人数
https://www.jnto.go.jp/jpn/news/press_releases/pdf/20151021.pdf

た（２０１５年10月現在）。

日本政府観光局によると、２０１５年９月の訪日外国人数が前年同期比46・７％増えて、１６１万２０００人となったそうです。これは９月として過去最高だった昨年の１０９万９０００人を約51万人以上超えています。

２０１５年１月から９月までの累計は１４４８万人に達しました。年間で過去最高だった２０１４年の１３４１万人も超えています。

このペースでいけば、政府の目標は本当に叶えられそうですね！

第2部

おもてなし投資（簡易宿所投資）編

大家さんとしてデザイナーとして、東京の下町でがんばる私に、戸建をプロデュースするチャンスが訪れました。浅草にある古い元床屋さん付のおうちを投資物件にするのです。

ご縁があって簡易宿所コンサルさんと出会ったことから、思い切って簡易宿所に取り組むことになりました。そうして「おもてなしプロジェクト」がスタートしたのです。

旅館業法の規制がたくさんある中、いかに日本を感じられる部屋にするのか、私のおもてなし魂に火が付きました。

1章

今までの「月極家賃」じゃなく、「30日×設定料金」を目指せるって本当??

～簡易宿所投資の魅力と基礎知識～

Airbnbをやりたいという投資家さんの物件の内装デザインを手掛けることになり、いろいろ動いていたときに、簡易宿所のコンサルタント、長坂創太さんとの出会いがありました。アパートやシェアハウスといった不動産投資とはまた違う世界・・・好奇心でわくわくしました。

♧簡易宿所コンサル、長坂さんとの出会い

もともとのきっかけは、西浅草に古い戸建てを購入した投資家さんから相談を受けたことです。その投資家さんの西浅草の物件は、下が床屋で上は住居の一戸建てで、いわゆるレジデンス（住居）付店舗です。

店舗物件というのは、普通の住居に比べて入居がつきにくく投資が難しいと言われています。また、立地がよくなければ店舗としてやっていけませんが、この物件は浅草駅徒歩圏内であるものの、路地裏にあり店舗には不向きでした。

そこで、ちょうど流行り出していた「Airbnbをやりたい！」と希望されました。それが2015年7月のはじめのことです。

投資家さんは知り合いのツテをたどって代行業者さんを探して会う約束をし

ました。その方はYさんという方なのですが、はじめて顔合わせしたときに、1時間半も遅刻してきたそうです。

そのAirbnbにしようとした物件の内装デザインをオーダーされたこともあり、投資家さんの物件に代行業者さんと共に見学に行きました。

そのときもその代行業者さんは大幅に遅刻してきまして、結局ドタキャンとなり、投資家さんがすごく怒っていたのですが、その代行業者さんを通じて出会ったのが長坂さんです。

投資家さんからすると、代行業者さんも長坂さんも区別がなく、お会いした瞬間、「なんでこんなに待たすのだ!」と、怒鳴りつけていたのですが、そのときに来ていたのは、長坂さんと女性、インドネシアの学生さんでした。

長坂さんの話を聞いてみると、どうやら代行業者さんについて、不動産投資について勉強をしにきたそうです。ところが、待てど暮らせど代行業者さんが現れず困っていたところに、投資家さんと私がやってきたといいます。

最初は投資家さんに怒られていたのですが、誤解が解けたので、さらに詳しく話を聞くことになりました。

なんでも長坂さんたち3人組は早稲田の大学院で知り合ったといいます。そして、「起業して簡易宿所を経営している」という話でした。

私自身もAirbnbが投資家の人気を集めていることは知っていましたが、長坂さんたちが行っているような簡易宿所は知識がなく、大変興味深く話を聞きました。

簡易宿所 ～旅館業には4種類ある～

簡易宿所とは、旅館業法における「ホテル営業」「旅館営業」「簡易宿所営業」「下宿営業」の4種の旅館業のうちのひとつです。

簡易宿所は旅館業法でいう「簡易宿所営業」にあたり、旅館業法2条4項の「宿泊する場所を多数人で共用する構造及び設備を主とする施設を設け、宿泊料を受けて、人を宿泊させる営業で、下宿営業以外のもの」に該当します。旅館業法に定められる「旅館営業」では、原則として5部屋以上の客室とそれに伴う定員を必要とすることから、その基準に達しない4部屋まで、または2段ベッドといった階層式寝台を設置している施設が簡易宿所になります。

♧一定の基準を満たすことで戸建ても簡易宿所にできる

簡易宿所は、簡単にいえば、民宿やゲストハウス、カプセルホテル等があたるそうです。ホテルや旅館ともなれば、設備をしっかりつくる必要がありますが、簡易宿所であれば、ある一定の基準を満たすことで、比較的容易に簡易宿所営業が可能といいます。それには戸建ては向いているという話でした。

なにより、投資家さんが興味を持ったのは、簡易宿所は法律的に適法で行なえるということ。今も徐々にAirbnbについて基準が決まっていますが、当時は今よりももっと状況がわからず、Airbnbホストも代行業者さんもみんな手さぐりでやっていたころです。

長坂さんはもともと起業家を目指しており「将来的に株式上場するのが夢です」と語っていました。長坂さんは自分に合ったビジネスを探しているうちに、Airbnbに出会ったそうです。しかし「エアビーはグレーな部分もありましたので、簡易宿所を経営することにしました」とのことでした。

投資家さんも「それは面白い考えだ。これなら堂々とできる！」と意気投合しました。


実際、簡易宿所になれば、日本国内であれば「楽天トラベル」「じゃらん」「るるぶトラベル」といった宿泊予約サイトで、宿泊者を募ることができます。なにより、今は全世界でホテル予約ができる「ブッキングドットコム」「トリバゴ」「アゴダ」「エクスペディア」などもあります。

国内宿泊予約サイト

「じゃらんnet」http://www.jalan.net/
「楽天トラベル」http://travel.rakuten.co.jp
「Yahoo! トラベル」http://travel.yahoo.co.jp/
「るるぶトラベル」http://rurubu.travel
「一休.com」http://www.ikyu.com/

海外宿泊予約サイト

「アゴダ」http://www.agoda.com/ja-jp
「ブッキングドットコム」http://www.booking.com
「エクスペディア」https://www.expedia.co.jp
「トリバゴ」http://www.trivago.jp/
「ホテルズドットコム」http://jp.hotels.com/

Airbnbはたしかに盛り上がっていますが、もっと広いマーケットでやったら、お客さんがもっとくる・・・それを私も聞いて「おもしろい！」と思いました。

自分の家を貸すよりも、より大きなマーケットで展開できる予感がしました。

どちらにせよ、外国人をターゲットとすることは同じです。

♧できる？　できない？　簡易宿所の条件が

こうして簡易宿所をすることになったのが7月の半ばです。西浅草のプロジェクトを行うにあたって、様々な条件はありました。

まずは、外国人観光客の需要です。浅草は外国人・・・とくにアジアの旅行客に人気があるそうです。スカイツリーが見えて、浅草駅から徒歩5分なら、外国人観光客にすれば申し分ない完璧な立地です。

また、簡易宿所にするにあたっては、１００㎡以上の物件になると、用途変更をしなくてはいけません。もともとは住居ですので、それを宿泊施設に変更するのは大変ですから、１００㎡以下でないといけないのです。

用途変更～物件の使用目的を変える～

用途変更（ようとへんこう）とは、使用者が使用する対象物の用途を、当初のものから、他の用途へと変更することです。建物用途を変更して宿泊施設にするには、規模が１００㎡以内の変更、もしくは類似の用途間で行われる場合を除き、用途変更確認申請の手続きが必要です。

幸い西浅草の物件では、１００㎡未満なのでＯＫでした。小さすぎても宿泊人数が減ってしまうので、広からず狭からず・・・の微妙な部分です。つまり、簡易宿所を行うにあたって、現実的な大きさとして80～99・99㎡以下の物件が必要となります。ハードルが上がってしまうので、決して１００㎡を超えてはいけません。

ちなみに80㎡というのは、法律で決められたものではなりません。これはキャッシュフローに関係することで、ある程度のキャッシュフローを得るには、100㎡以下だけど、ある程度の広さは必要ということで、その広さの目安が80㎡程度ということです。

また、100㎡未満であれば簡便な申請で行政手続きが可能です。防火設備については、すべてをしっかりやらなければいけません。用途地域についても、OKな用途、NGの用途があります。

詳しくは、「用途地域による建築物の用途制限の概要」(http://www.toshiseibi.metro.tokyo.jp/kanko/area_ree/youto_seigen.pdf)をご確認ください。「ホテル・旅館等」という項目があり、そこに書いてあります。用途地域のほかにも接道義務を満たす必要があります。

用途地域 ～国の規定があり、好き勝手に建てたり、貸出したり出来ない～

用途地域（ようとちいき）とは、都市計画法の地域地区のひとつです。用途地域は、住居、商業、工業など、市街地の大枠としての土地利用を定めるものです。第一種低層住居専用地域など12種類があります。簡易宿所でいえば、用途地域は、「住宅専用地域1種・2種」「工業専用地域」「工業地域」が不可で、それ以外であればＯＫです。

○12種類の用途地域

第一種低層住居専用地域　低層住宅のための地域で、小規模なお店や事務所をかねた住宅や、小中学校などが建てられます。

第二種低層住居専用地域　主に低層住宅のための地域で、小中学校などのほか、１５０㎡までの一定のお店などが建てられます。

第一種中高層　住居専用地域中高層住宅のための地域で、病院・大学、５００㎡までの一定のお店などが建てられます。

第二種中高層住居専用地域　主に中高層住宅のための地域で、病院・大学などのほか、１５００㎡までの一定のお店や事務所など必要な利便施設が建てられます。

第一種住居地域　住居の環境を守るための地域です。３０００㎡の店舗、事務所、ホテルなどは建てられます。簡易宿所▲

第二種住居地域　主に住居の環境を守るための地域で、店舗・事務所・ホテル、カラオケボックスなどは建てられます。簡易宿所◯

準住居地域　道路の沿道において、自動車関連施設などの立地と、これと調和した住居の環境を保護するための地域です。簡易宿所◯

近隣商業地域　住宅や店舗のほかに小規模の工場も建てられます。簡易宿所◯

商業地域　銀行・映画館・飲食店・百貨店などといった商業施設が集まる地域です。住宅や小規模の工場も建てられます。簡易宿所◯

準工業地域 主に軽工業の工場やサービス施設等が立地する地域です。危険性、環境悪化が大きい工場のほかは、ほとんど建てられます。簡易宿所◯

工業地域 どんな工場でも建てられる地域です。住宅やお店は建てられますが、学校、病院、ホテルなどは建てられません。

工業専用地域業地域 工場のための地域です。どんな工場でも建てられますが、住宅、お店、学校、病院、ホテルなどは建てられません。

道路 ～簡易宿所の規定～

簡易宿所では目の前が公道でなければいけません。幅４ｍ道路に２ｍ以上は接していなくてはいけませんので、再建築不可の土地はＮＧです。

長坂さんにチェックいただいたところ、西浅草は簡易宿所を開業することが可能でした。

♧西浅草の戸建てを簡易宿所に！

こうして、西浅草のプロジェクトは実行できる運びとなり、私自身もまったくはじめての経験ながら、簡易宿所に興味を持ったため、デザイナーとして参加することになりました。そして、次の三者での簡易宿所プロジェクトがスタートしたのです。

・旅館業のコンサルタント＝長坂さん
・デザイナー＝板垣
・工務店（設計士）

最初のプランニングは長坂さんで法律に合わせてもらいました。今回は利益

著者 ふわふわ主婦大家さん 板垣ひろ美 の活動紹介！

☆著者サイト

「板垣ひろ美の
おもてなし不動産投資」

・和モダン作品を多数紹介しています。

www.itagakihiromi.com

※「おもてなし不動産投資」で検索！

出版記念セミナー開催決定!

◎詳細

日時：2015年1月24日（日）／会費：料金：3,000円（税込）

場所：渋谷周辺のセミナールーム ※お申し込み者様には詳細をお伝えします。

◎講師　板垣ひろ美

・ゲスト講師　簡易宿所専門アドバイザー
　　　　　　　外国人向けポータルサイト集客アドバイザー

◎セミナー内容

・板垣ひろ美：簡易宿所の稼働状況・運営方法、Airbnb専門管理会社への取材内容（最新情報）、和モダンデザイン公開　ほか。

・ゲスト講師2名：初心者向け簡易宿所のはじめ方、新築・中古不動産投資とのマッチング術　ほか。

・お申し込みは以下サイト、又はメールにて。

http://www.itagakihiromi.com/seminar.html

info@itagakihiromi.com

※メールでのお申し込みの際は、件名を「板垣ひろ美「おもてなし不動産投資」セミナー！」参加希望とし、①お名前②ご職業③参加人数④メールアドレス⑤緊急連絡先（電話番号）⑥大家歴・物件（はじめている方）⑦このセミナーをどこで知ったのかを明記してお送りください。メールでのおもてなし不動産等へのご質問はお答えできません。

を追求するより住み心地のよさを、クオリティを保つことに重視しています。

プランニングには8月の1か月をかけました。

その後、長坂さんのプランと工務店の予算との摺合せを行いました。


もともと、店舗付の戸建てというちょっと難しい物件です。1階の店舗と2階のレジを無理やり切り離して、2戸アパートにしても、家賃はせいぜい10万円～12万円。1戸建として貸すにしても、店舗部分があまってしまいます。

そのため、その投資家さんはAirbnbを検討していたという経緯があります。

簡易宿所にする話というのは、考えてみるとちょうどいいアイディアでした。

2章

ふわふわ主婦、おもてなし投資プロジェクト始めました！

～簡易宿所取得から、リフォーム、完成までのドキュメント～

2015年7月・・・Airbnbをしたかった投資家さんと、デザイナーの私、簡易宿所コンサルタントの長坂さんとの出会いから、外国人旅行客向けの純和風の簡易宿所プロジェクトがスタート！

まったくはじめての試みながら、外国人の皆さんに喜ばれる部屋づくりにチャレンジします。

♧昭和25年築のボロ戸建が利回り20・7%に

もともとこの物件は、売主の娘さんとお婆ちゃんが住んでいた店舗付住居を購入したものの、変わった物件だからどうしようと、投資家さんから相談いただいたところからスタートしています。

亡くなったおじいちゃんが床屋さんをしていたので、1階は店になっていますが、かなり前に廃業しているようです。室内はキレイにリフォームされていました。

昭和25年という築古住宅ですが、借地権物件ということで、安くでている物件です。ローンが付きにくいので、キャッシュ購入されています。

・物件スペック

台東区浅草／浅草駅徒歩4分
3DK＋店舗134㎡
物件価格3000万円

2章
ふわふわ主婦、おもてなし投資プロジェクト始めました！
～簡易宿所取得から、リフォーム、完成までのドキュメント～

この価格は借地権でいえば相場です。業者間ネットワーク「レインズ」に載っていたそうです。

投資家さんからすると、借地権で築古とはいえ、水回りは入れ替え済だったので、良いと思って買ったのですが、店舗と居住部分が切り離されていないので、バラバラで貸すことができません。

場所はいいし、値ごろだけど、賃貸物件として使いにくいという側面があります。なにより商業地域なので、店舗として運営できるため、簡易宿所がもっとも適していると考えました。

100㎡以下という基準を満たすためには、店舗部分は切り離す必要があります。

そして、切り離した店舗部分は倉庫として月額10万円で貸すことにしました。

これで収益性がさらにアップします。

○利回りの試算

1日2万5000円×25日稼働×12か月＝720万円
倉庫10万円×12か月＝120万円
管理費30％　272万円
取得費3000万円＋リフォーム費1200万円＝4200万円
年間家賃収入840万円÷4200万円＝20・7％
・・・・・・・・・・・・・・・・・・・・
利回り20・7％

これがもし、店舗付の戸建てとしてリフォームを一切しないで貸し出すとすれば、家賃収入はせいぜい20万円です。

ある程度、リフォームして普通の戸建てにすれば30万円といったところでしょうか。しかし、その分だけリフォーム費用がかかってしまいますから、収益性は落ちます。

○利回りの試算
120万円×12か月＝240万円
年間家賃収入240万円÷取得費3000万円＝8％
・・・・・・・・・・・・・・・・・・・・・
利回り8％

なんと、利回りは12・7％も差があります！

あくまで試算ではありますが、すごい話です。この「おもてなしプロジェクト」が成功したら、世の中あるたくさんの空き家が、ステキに生まれ変わることができると思いました。

♧簡易宿所にするためのリフォームプラン

西浅草は古い家だったのですが、一度、リフォームが入っていたため耐火ボードが使われていました。

店舗がそのまま倉庫になっていて、1階の水回りと2階はリフォーム済でしたので、水回りを一部変更しました。1つだけだったトイレと洗面所は2つに増やしました。

また各部屋に、安全に外に出られる避難口を設けました。避難口の最低サイズは1・25×0・75m、もしくは1×1mです。これはドアでなくてもかまいません。10人以上では避難はしごが必要になりますが、10人以下なら不要です。

決定権のある保健所や消防署により見解が違います。しかも担当者レベルで見解が分かれます。

それでも、そんなにお金や手間をかけなくても何とかなりそうです。ポイントは間取りで、できれば振り分け型が理想です。ここはギリギリＯＫでした。

また、消防法の関係で壁の一部を抜いています。

それは窓先空地が、建物の裏側になかったため、避難経路がとれなかったからです。一部屋と考えれば、もう一つにある部屋の窓でまかなえるので、壁の一部を抜くことにしたのです。

工務店としては簡易宿所がはじめてだったのですが、消防署と保健所のルールを逐一確かめながら進めました。

消防法がとくに厳しく、耐火ボードをはったり、建具を防火戸に交換、窓先空地の確保、一部屋あたりの窓の面積など、ありとあらゆるものに規定があります。

集合住宅でなくて、戸建てを使った方が、簡易宿所へのリフォームがやりやすいですが、貸し戸建として貸すよりは、リフォーム費用は2倍くらいかかります。

いくらキレイなドアでも、防火戸に交換しなくてはいけなかったりして、ちょこちょことお金がかかっていきます。

工事自体は大変なものでなく、工期もかかるものではないのですが、とにかく何かとコストがかかります。

とくにサッシやドアは、一般的に受注生産なので、納期に1か月みなくてはいけません。

そのため、今回の工期は2か月みていました。余談にはなりますが、新築物件も、サッシとユニットバスは、早めに発注かけます。ドア・サッシは新築、リフォーム工事問わず、時間がかかるものなのです。

簡易宿所にするにあたっての予算は1200万円弱です。一般的な戸建て投資では、さほど手をかけず壊れた部分を修繕して、清潔感を重視する形での最低限のリフォームをする投資家が多いですが、簡易宿所となると間取り変更があったり、使う部材が指定されることもあって、普通に出すより明らかにお金がかかるのです。こうしてプランニングが8月に終了して、いよいよ9月から工事がスタートします。

♧簡易宿所のリフォーム工事は「耐火」が基本

9月になり、いよいよ工事がスタートしました。かなり手をいれたのは玄関まわりから外装です。

もともとは店舗の入口、2階の入口、自転車置き場の入口と3つあり、まず自転車置き場の入口をなくして一体型にしました。店舗にいっぱい窓があったので、これをなんとかしなくてはいけませんでした。

防火シャッターにするのが簡単ですが、付けられない構造です。かといって窓をいかすと、防火にするためコストがかかるので、それらのコストをカットするために窓を壁にしました。

玄関まわり

宿所のドア・倉庫のドアが並んでいますが、以前とはだいぶ雰囲気が変わっています。こちらのドアは高価な防火ドアです。

窓をふさいで板をはります。扉はまだ充分使えましたが、防火扉に交換しなくてはいけません。

扉回りの壁はジョリパッドで仕上げました。左の扉が簡易宿所、右の扉が倉庫の入り口です。

壁紙

すべての壁紙は不燃クロスを使用します。ベースは白ですが、アクセントクロスやふすまは日本風で統一してあります。寝室のアクセントクロスは桜の柄

アクセントクロスは不燃クロスの中から「和」イメージで選んでいます。

ベースとなるクロスもすべて不燃のものを使います。

です。クロスも不燃から選ばなくてはいけません。

色が限られている中で日本らしさを意識して金の格子柄、藤色など全体的に日本テイストにしています。木部は濃い茶系だったのでそのまま活かしました。

カーテン防炎素材の中から日本柄のロールスクリーンを選びました。

◎食器・キッチン用品

長期滞在できるようにキッチン用品も備えました。

赤い漆のお椀、急須、茶筒、お盆などで、外国のお客様に日本の文化が味わえるセレクトにしてあります。水回りはデザインももちろん、優先するのは清潔さです。

押入れ

ウォークインクローゼットでは煙探知機に設置が義務付けられますが、畳にすれば押し入れになるので煙探知機が必要ありません。簡易宿所で押し入れを設置する基準は「和室だから」です。そのため、押入れを設置する場合は、畳を敷きます。

そのような理由もありますが、今回は「外国人向け」「浅草」というキーワードから畳の部屋にしました。外国のお客様向けにするなら畳の方がおすすめです。

今回のケースでは、あえて洋室を和室にすることにしましたが、もともと畳の物件を選べばコストがかかりません。

押入れと置き畳で和を演出。

洗面所は清潔感を重視しています。

トイレ（ウォシュレット）・洗面所

水回りは1つだけだったトイレと洗面所は2つに増やしました。

おもてなしで喜ばれるのはウオシュレットです。海外ではウオシュレットが普及していません。その理由は次の通りです。

・電気の問題。感電の恐れでトイレに引けない。
・水が汚染されていて洗浄できない。

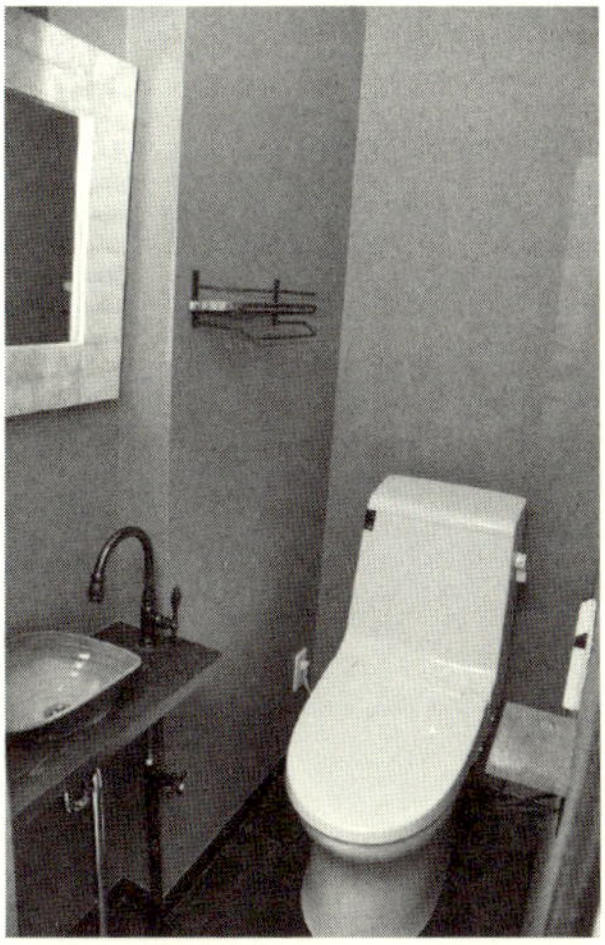

トイレの手洗いは和風の洗面ボールで仕上げました。

照明

メインの照明はすべて和風にしています。廊下や階段はＬＥＤライトで節電を心がけています。

「和」のイメージの照明に、インテリアも日本情緒を強調しています。

帳場・避難掲示

帳場・避難掲示こそが普通の賃貸物件と宿泊施設の大きな違いだと思います。帳場は外国人旅行客の顔になる部分なので、とくにこだわってデザインしました。

シックなデザインのカウンター式の帳場

非常出口の案内は必ず必要です。

脱出口

各部屋に、安全に外に出られる避難口を設けました。避難口の最低サイズは1・25×0・75m、もしくは1×1mです。これはドアでなくてもかまいません。10人以上だと避難はしごが必要になりますが、10人以下なら不要です。

布団

普通の布団ですが「なるべく燃えにくい素材を選んで」と言われました。

こうして、2015年11月中旬に物件は完成しました。

工事終了からインテリアやキッチン用品を、なるべくタイムラグをつくらず搬入して、すぐに稼働させています。

長坂さんとの打合せで、旅館業法とるためのルールを確認して、プランを提案しました。工事の前に、図面ができたら、消防署にいって確認します。直すところあれば、図面を訂正していきました。具体的には工務店の設計士さんがその辺を調整してくれました。

決定権のある保健所や消防署により見解が違います。しかも担当者レベルで見解が分かれます。

それでも、そんなにお金や手間をかけなくても何とかなりました。間取りが大きくなるのが要素です。

できれば振り分け型が理想です。ここはギリギリOKでした。消防法の関係で壁の一部を抜いています。

簡易宿所では2段ベッドをいれて、1ベットから貸すこともできますし、民宿のように部屋ごとに貸し出すことができます。

西浅草では、ベッドルーム2部屋として考えました。その理由は、浅草に宿泊する外国人旅行客の需要が、5～6人連れのファミリーが多いからです。日本風の旅館ではないですが、やはり日本的な家に住んでもらいたかったのです。

2部屋でも充分に利益が出ます。

私は、向島の戸建てを購入したときに、外国人が和風の部屋に住みたい、泊まってみたいという需要があることを知りました。

今回は旅館業でもあり、さらに場所が西浅草ということもあり、「和」のイメージを大事にして売りたいと考えました。

投資家の間では、いまAirbnbをはじめている人たちが増えています。その多くは自宅を使うのではなくて、空室対策の一環であったり、中には転貸で行っているホストもいます。

簡単に利益を求めようとするなら、平米の小さなワンルームで、ホテルのツインルームのような形で行うのが、コストもかからず人気があるようです。

そこで私は、あえて大人数を相手にすることで、ライバルからも抜きん出られるのではないかと思いました。

大人数グループを対象に行う場合は、それほど可動は多くありませんが、10

人レベルで月のうち15日間稼働すれば、ツインの何倍も儲かります。

薄利多売ではないですが、人数が少なくても満室状態で運営して、労力を使うよりは、一度にたくさんのお客様が泊まってくれて、まとまった収入を得ることができるほうが良いでしょう。

3 章

ふわふわ主婦の
おもてなし投資・運営術
～簡易宿所で不動産投資をする
メリット・デメリット～

Airbnbをやりたいという投資家さんの物件の内装デザインを手掛けることになり、いろいろ動いていたときに、簡易宿所のコンサルタント、長坂創太さんとの出会いがありました。アパートやシェアハウスといった不動産投資とはまた違う世界・・・好奇心でわくわくしました。

♧旅館業（簡易宿所）はAirbnbなど民泊と比べてどうちがうのか

まず告知の間口が広いです。Airbnbだけでなく、先述した通り、楽天トラベル、じゃらん、るるぶはもちろん、海外だとブッキングドットコム、ホテルズドットコムなど、あらゆる媒体に紹介ができます。

すべてに掲載が可能なので圧倒的にお客様の数が違います。つまり、以前に所有していた戸建てのAirbnbに比べ、大幅に集客が見込めることになります。

旅館業の種類

種類はホテル・旅館・簡易宿所となります。旅館は5室、ホテルだと10室以上なくてはいけない規定があります。そうすると小さくできません。間仕切りが必要だし、トイレの数も5～6個は求められます。100㎡以内の規模でやろうとしたときに現実的ではありません。そうなれば必然的に簡易宿所しかありえません。

規模が大きくなれば完全な事業となり、開業するには億単位の資本金が必要になります。


旅館業は不動産投資といっても賃貸事業です。サラリーマンの副業となれば簡易宿所しかありえないでしょう。

実際に旅館営業ができる可能性はあります。ただし、お金持ちのサラリーマンや開業医に限られ、とうていホテル経営など無理です。しかし、5部屋あれば開業できる旅館なら可能があります。

1部屋に対するスペースは7㎡以上が求められるので、7㎡×5室＝35㎡となります。


旅館やホテルを経営するなら、売りに出ている旅館・ホテルを買うか、もしくは新築するべきです。つまり既存の物件をそのまま活かすか、巨額な資本をかけて一から作るしか方法がありません。

簡易宿所なら既存の戸建でも問題ありませんが、アパートのような共同住宅からの転用になると難しいでしょう。

各居室に対して、これが道路だとすると、通り道のところに、ここがユニーク（ただ1つ）でなければいけないからです。通るのは絶対にこの人たちしかダメです。

長屋の場合は構造上で戸建だと可能な場合もあります。2戸1も、2面道路、前と後ろに入り口があれば、この入口はこの世帯しか使わないから可能です。

結論からいえば、共同住宅は簡易宿所に転用しづらいということです。共同住宅だと風呂・トイレともたくさんあり、水回りや避難通路を考えればやりやすいと思いがちですが、調べてみないとわかりません。

いずれにせよ、今はAirbnbにしても簡易宿所にしても、不動産投資家からの注目が集まっています。

もう普通のアパートでは集客できない、入ったとしても敷金礼金が取れないあげくに広告費が多くかかります。それも数パーセントではなく、家賃の1〜2か月分も払わなければならないのが現実です。

ところがじゃらん、楽天、Airbnbはいくら手数料を取ろうが、1か月分も取っていくことはありません。そう考えると不動産投資家にとってはすごく助かります。

♧簡易宿所の優れている点

まず、普通賃貸で行う不動産投資から考えてみましょう。

人口統計では、これから日本の人口は、急激に減っていくと予測されています。その数は毎年70万人ずつだそうです。

ピンこなければ毎年、鳥取県民の人口が減っていくと考えてください。東京はまだその傾向がありませんが、すでに千葉と大阪は人口が減りはじめています。今は結婚しない人も多く、家族単位の人数は減って世帯数はまだ激減していないように見えますが、将来的には減少する一方です。

いくら東京都内であっても、物件が集中しすぎてライバルが多すぎます。港区、渋谷のような都心部の繁華街の徒歩圏ならいいでしょうが、東京では駅から徒歩10分の中で戦わなければいけません。とくに大規模な投資用マンションが立ち並ぶ街道沿いには、何百戸という物件があります。

たった今、不動産は景気がよくアパート・マンションも高騰していますが、それはアベノミクスによる金融緩和で一時的に相場が上がっているだけです。今後、普通賃貸をメインとした不動産投資を考えると、未来が見えません。こうなってくると賃貸で買う意味がわかりません。

一方、今年になって急激な盛り上がりを見せているインバウンド、Airbnbをはじめとした外国人旅行客を対象とした民泊でいえば、将来性は大きくあります。

法的にはまだまだといったところがありますが、これから民泊ビジネスに対しては、今中心となっている副業ではじめている人だけでなく、空室対策の一環で行う大家さん、サラリーマン投資家、それからプロの業者さんも参入してくると思います。

これは法的に整備されればもっと増えることでしょう。そうなったときを考えると、はじめから「外国人向けの宿」として、投資をはじめた方が有利ではないでしょうか。

簡易宿所の優れた点を上げれば、

（1）宿泊者募集の間口が広い
（2）ライバルが少ない

となります。宿泊者募集の窓口については、それこそ数えきれないくらいのサイトがあり、全世界へ向けて宿泊者を募ることができます。詳しくは「簡易宿所のノウハウ」を参照ください。

ライバルについては、空室で溢れている普通賃貸はもちろんのこと、今、倍々で増えているAirbnbと比べれば、数は非常に少ないのが現状です。

（3）融資が使える

そして、最後の融資についていえば、普通賃貸ほどのレバレッジをかけることはできませんが、事業として設備投資の融資を受けることは可能です。これは日本政策金融公庫をはじめ、門戸が開かれています。

もちろんメリットばかりではありません。

簡易宿所のデメリットをいえば、

（1）建築コストがかかる
（2）スタートまでに時間がかかる
（3）入退去が続く

となります。第1章で説明した通り、既存の建物を簡易宿所にリフォームするには、様々な条件をクリアする必要があります。普通賃貸に出したり、Airbnbで運用することに比べてリフォームコストがかかります。

時間についていえば、保健所と消防署の許可を得る必要があるため、やはり普通賃貸に比べて時間がかかります。物件によってケースバイケースですが倍くらいの期間です。

最後の入退去が続くというのは、年単位で契約を行い月単位で家賃をいただく普通賃貸とは違って、宿泊客は早いサイクルで入れ替わります。部屋のクリーニングにしても修繕にしても、賃貸に比べて早いスピードが求められ、運営コストもかかります。

このように、いくつかのデメリットもあるのですが、それらを考えても、簡易宿所は優れていると考えます。

♧完成したら「営業許可証」をもらおう！

さて、簡易宿所の建物が完成したら、保健所・消防署に書類を出して、検査を受けるための手配をします。おおよそ検査まで1週間程度なので、その間に家具や家電を搬入します。

これらの準備が整ったタイミングでいよいよ保健所・消防署の検査です。ドキドキしますが、コンサルの長坂さんが建物購入時、設計前のプランニングとすべての過程で、保健所・消防署に確認をとっているため、そこまでのプレッシャーはありませんでした。

なお、検査にかかる費用は、消防署は無料、保健所は2万円弱（各行政によって変わります）です。

検査の厳しさも行政や担当者によって変わるところが多いので、少なくとも最初はコンサルにお願いすることをおすすめします。


営業許可書が取れた後は、いよいよ運営です！

簡易宿所の運営方法には、自分で行う場合と運営代行を頼む場合があります。この辺は、普通賃貸における「自主管理」「管理委託」と同じような形です。

次の項目からは、わかりやすいように不動産投資と比べながら解説したいと思います。

♧簡易宿所の運営ノウハウ

営業許可書が発行されたら、いよいよ簡易宿所のスタートです。

賃貸不動産では空室は敵ですが、それは簡易宿所も同じです。賃貸不動産では普通借家契約では2年単位の契約で、家賃や手数料は月ごとに決まっていますが、旅館業は「日貸し」となるため、賃貸のように「満室」を目指すのではなく、20日程度稼働させることを目標としています。

事前のシミュレーションでは、何割の稼働で採算があうのか、オンシーズンの宿泊料、オフシーズンの宿泊料などを想定して、様々なパターンで計算しましょう。

とくに宿泊料は家賃に比べてかなり細かく設定できますから、「早めの予約なら安めにして、3か月前は相場、直前は格安に・・・」「中国の旧正月期間は1・5倍に・・・」といったように、稼働率を高めるのと同時に、オンシーズン料金を設定することで、利益の最大化を目指しましょう。

次からは、私が長坂さんから学んだ具体的なノウハウをお伝えします。

○集客（宿泊客の募集）

こちらは、不動産投資における「入居募集」（客付・入居付とも呼ばれます）です。賃貸と同じで、簡易宿所もお客さんが泊まってくれなければ、お金を生みません。

一般的に賃貸の入居募集は、管理会社に委託、もしくは自分で客付会社に委託して、「スーモ」「アットホーム」「ホームズ」といった大手の不動産ポータルサイトで入居者を探しますが、簡易宿所でもメインとなるのは、宿泊予約サイトです。第1章でご紹介した「じゃらんnet」「楽天トラベル」といった国内サイトをはじめ、「ブッキングドットコム」「エクスペディア」といった世界で利用されているサイトもあります。もちろんAirbnbでの運用も可能です。

賃貸の場合は、募集入口は不動産ポータルサイトで行い、実際の契約手続きは不動産会社で行いますが、簡易宿所ではサイト内で予約業務が完了します。

また、宿泊サイトへの登録は無料で、Airbnbのようにオンライン申込みだけで完結するサイトもあります。一部のサイトでは郵送だったり、アナログではありますが、どこかへ出向いて契約する・・・という手間はありません。

また、登録に必要なものは簡易宿所の営業許可証・身分証といったところで、申込みの手数料はかかりません。

宿泊予約サイトへは、宿泊が確定したときにはじめて手数料を支払います。手数料は宿泊料の約3%～10%でサイトによって変わります。

登録が終わったら簡易宿所の紹介ページを登録していきますが、このときには物件画像やアメニティ・設備の詳細が必要です。

宿泊予約サイトの使い勝手や登録までの期間は、各サイトによって変わります。あらかじめ、どのサイトを使って募集をするのか、登録にかかる期間はどれくらいなのかはリサーチしておくといいと思います。

○予約管理

不動産投資であれば、入居申込みがあれば、FAXやメールで申込み書が送られてきて、その後、契約に進んでいきます。その点、簡易宿所はホテルや旅館と同様で、宿泊予約サイトで簡単に行えます。

ただし、複数のサイトで常に集客をしているわけですから、それぞれのサイトの情報を管理しておかなければ、ダブルブッキング（二重予約）になってしまいます。

しかし、心配は無用です。こういった複数サイトの予約管理をする専用ソフト、通称サイトコントローラーがあり、まとめて管理することが可能です。

ひとつ注意点をいえば、各宿泊サイトはまとめて管理できますが、Airbnbに関しては、まとめて管理できないので、宿泊サイトで予約が入ったら、手動でAirbnbに反映させなくてはいけません。

Airbnbに先に予約が入った場合も、サイトコントローラーへ反映させないと、ダブルブッキングになってしまいます。そこだけは注意してください。

○入金管理

やり方としては帳場で受付をして、その場で現金やりとりすることも可能ですが、様々な手間を考えるとクレジットカード決済がおすすめです。

クレジットカード会社には、サービス料がかかりますが、現金に比べてトラブルも減り、事務手続きも簡単になります。

○チェックイン（鍵の受け渡し）

私のおすすめする「おもてなし投資」では、駅までお迎えにいって、お宿へご案内します。1棟貸しの予定ですので、部屋の使い方などもチェックイン時のとこに説明します。

逆にチェックアウトについては、カード決済をすることで自動チェックアウトにします。

○清掃・リネンクリーニング

自分たちで行ってもいいですし、外部委託することも可能です。今はAirbnbを対象とした清掃業者も増えています。

リネンクリーニングはホテル向けのサービスがあります。洗濯の仕上がりはプロと素人では雲泥の差がありますので、プロに頼んで糊のきいたシーツ、ふわふわのタオルでおもてなししたいと考えています。

○運営にかかる費用

ここが一番気にかかるところだと思います。不動産投資では、自主管理であれば、光熱費と定期清掃費、入退去時のハウスクリーニング・原状回復工事（部屋を元に戻す工事）、小修繕といったところですが、簡易宿泊所では次のコストがかかります。

・各宿泊サイトへの手数料

・クレジットカードの手数料
・清掃費、リネンクリーング、
・光熱費
・通信費（インターネット回線）
・消耗品

賃貸不動産を管理委託するような形で、運営代行を外注することもできます。運営代行は20％～30％で、Airbnbの運営代行と同じくらいです。

30％の運営代行費にふくまれるもの
・入金管理
・お客様対応
・サイト運営
・消耗品

別途経費
・清掃費、リネンクリーニング
・光熱費
・通信費

○その他の注意

その他、運営にあたって注意したいこと、不動産投資との違っている点についてお伝えします。

賃貸不動産で得られる家賃には、消費税がかかりませんが、簡易宿所の宿泊料には消費税がかかります。1000万円以上の売上があれば、消費税の課税業者になるため注意してください。

また、賃貸不動産でも設備が故障することがありますが、長いスパンで暮らす入居者と違って、短期の宿泊では「その日のうちに」修繕する必要があります。

いってみればエアコンが数日壊れていても、賃貸の入居者は退去しませんが、ホテルのお客さんであれば「こんな部屋には泊まれない。変えてくれ」となりますよね。そういった観点から修繕に対しては、とにかく迅速に対応する必要があります。

そうなった場合は、割高でも緊急対応を頼んだり、値段の比較検討をする余裕なく、急いで新しい設備に交換する必要があるため、これらの修繕トラブルを見込んだ修繕費の積立を行っておきます。その目安は売上の5％です。

最後に、これまでの解説を建物完成後から稼働スタートまでのフローにまとめました。ぜひ、参考にしてくださいね。

簡易宿所の運営フロー

①建物完成
②保健所・消防署に書類提出・検査の申込み
③家具・家電搬入
④保健所・消防署の検査⇒営業許可書発行
⑤宿泊予約サイト登録（予約受付スタート）
⑥宿泊者よりサイトへ予約
⑦カード決済
⑧チェックイン（送迎・ご案内）
⑨宿泊
⑩チェックアウト
⑪清掃・リネンクリーニング
※運営スタート後は⑥～⑪を繰り返します

コラム

簡易宿所のプロに聞いた！
さらに旋風を巻き起こす
これからの「おもてなし投資」

株式会社WeIns代表　長坂創太さん
＆著者　板垣ひろ美

今回、西浅草の簡易宿所プロジェクトでお世話になった、コンサルタントの長坂さんに読者の方のために、改めてそのノウハウをお聞きしました。世界一周旅行の経験があり、すでに外国人向けの簡易宿所営業を行っている長坂さんならではのお答えに注目です。

【株式会社WeIns　長坂創太さん】
バックパッカーとして世界50か国をまわり、その魅力の虜になる。26歳で帰国後、早稲田大学の大学院に入り、そこで起業のための仲間を得て、新しい旅の仕方の提供と、世界中から集まったバックパッカー達が休めるホステルの運営をはじめた。

★株式会社WeIns
http://weins.tokyo/blog/ja/consulting

世界一周の旅に出たい！

板垣　いつもお世話になります。今日は長坂さんに改めて簡易宿所のことと、さらに、今後のインバウンド旋風の動向についてもいろいろお聞きしたいです。そもそも、なぜ簡易宿所をはじめようと思ったのですか？

長坂「簡易宿所をやろう」と思ったのではなくて、起業がしたかったのです。私は愛知県の田舎の出身なのですが、18歳くらいから放浪癖がありました。英語が好きで、高校時代はマジメに勉強していましたが、大学に入ってからはじけました。

世界を旅する中で「もしかして、お金だけでは幸せになれないのか。給料をもらう人生は僕には向いてないかもしれない」と考えるようになり、それで起業する気持ちが芽生えていました。

板垣　卒業後は？

長坂　それでも普通に就活して、22歳のときに経営コンサルの会社へ就職しました。3年間はマジメに働きましたが、このときに不動産投資をはじめています。

板垣　えっ、20代前半で？

長坂　そうなんです。コンサル会社に不動産屋の息子がいて、すすめられて興味を持ったのです。

板垣　どんな物件を購入したのですか？

長坂　都内の区分マンションを2戸購入しました。1つはローンで、1つは貯めた現金です。今年までもっていたら、もっと稼げたと思うのですが、すでに売却済なんです。

板垣　売却については後でじっくり聞かせてください。話を戻しまして、コンサル会社の後はどうされたのですか?

長坂　転職先は福祉関係です。じつは、大学での専攻は福祉でした。起業するにあたって、福祉業界はこれから伸びるだろうと思っていたのです。コンサル会社では経営と営業について学びたかったというのがあります。

板垣　若いのに戦略的に考えていましたね。

長坂　でも、福祉の現場に立って介護が必要で死期が迫っている高齢者と接するうち、「自分が本当に好きなことは何だろう?」って考えるようになりました。そのとき20代半ばになっていました。このまま歳をとっていくのかな、結婚もしないといけないし・・・。

その前に「やはり独身のうちにシルクロードを縦断しておかなければ!」と。これは昔からの夢だったのです。

大学時代は休みがとれても2か月まで。シルクロードを突破するには半年かかります。それで、貯めたお金を持って1年をかけて世界一周の旅に出ました。英語が好きで放浪癖がある僕には幸せな旅でした。

板垣　帰国後はいよいよ起業を?

長坂　最初はそのつもりだったんです。福祉で起業するつもりでしたが、旅先でいろんな人と出会っていくうちに、自分の好きなこと、とりわけ海外に関わることで起業がしたくなりました。

その前に「もっと勉強したい！」という気持ちもあり、27～29歳は大学院に入り、社会復帰のリハビリと同時に英語の勉強をし、それに人脈作りに励みました。

24歳で不動産投資家に

板垣　先ほど少し出た不動産投資の話を教えてください。

長坂　コンサル会社に就職していた時代、年齢でいうと24歳のときに中古の区分マンションを2戸買っていました。西武鉄道新宿線井荻駅付近770万円で1戸買って、もう1戸は東京の地下鉄銀座線田原町駅付近の1280万円の物件でローンが組めました。

板垣　その若さですごいですね。どんな目的で買ったのですか？

長坂　もちろん不動産投資という自覚はありましたよ。24歳のときは働きながらで大変で

したが宅建（宅地建物取引士、旧宅地建物取引主任者）も取っています。
それを購入して3年後に売りました。

板垣　その立地で2戸も持っていたら、売るのはもったいないような気がします。

長坂　大学院の学費が1年間で380万円もかかるんです。生活費も含めたら500万円は必要でしたから。このときは親の援助なしで通っていたため、不動産に救われました。

板垣　そもそも、どうして不動産を買おうと思ったのですか？

長坂　親父を見て「この人みたいに僕は会社員としてずっと生きるのは無理だな。不労所得を得つつ、自分の好きなことを仕事にして生活していこう」と。お金を持っていても、仕事が嫌いであれば幸せになれないのを目の当りにてして育ったものですから。

板垣　お金を持っていても幸せになれない？

長坂　お金の使い方を間違えれば、年収1000万円を超えていても幸せにはなれませんね。

これは科学的な統計でも明らかです。

板垣　私は詳しく知りませんが、年収1000万円を超えるサラリーを取る人は、会社から要求されることも多くて大変なんでしょうね。

長坂　自営業だったらまた違うと思うんですよね。給料だけを頼りに暮らしている人って、何でこんなに苦しい思いをしているんだ？と父を見ながら疑問に感じていました。それで不動産を2つ買ったんです。

それでもシルクロードの旅から帰国して、早稲田大学の大学院が受かったこともあり、せっかくだから売ろうと。

板垣　不動産を売却して学費を払えたのならよかったですね。不動産を売って将来を買ったことになります！

大学院で「インバウンド」を知る

板垣　ところで大学院では運命の出会いがあったそうですが？

長坂　はい。今から1年半前の2014年の4月に、外国人の友人から「インバウンド（旅行）の事業をやろうよ！」と誘われました。

いろいろ調べるとAirbnbもあるのですが、法的には不安定ということもあって、きちんと営業許可をとって「ホステル」をやろうと思いました。

板垣　そのホステルという言葉は一般的なのですか？　ドミトリーとはまた違うのですか？

長坂　ドミトリーは「寮」という意味です。月極で住んでいる感じですね。海外ではホステルが一般的ですが日本では定まっていません。ゲストハウス、ホステル、ドミトリーと混同しているのが現状です。

板垣　私はすっかり二段ベッドがゲストハウスだと思っていたけれど、二段ベットでも営業許可はとれるのですか。

長坂　条件は難しいけれどとれますよ。床から天井まで2・5mないといけないんです。でも普通の家でそんな幅なんてありませんよね。

ただし、東京都葛飾区の場合、下のベッドから上のベッドまで約1mの幅があればよくて、床から天井まで2・2mしかなくてもできるんです。

許可の出し方も各行政によって違いがあり、都内でいうと山谷のある台東区がもっとも厳しいです。

板垣　なるほど。勉強になります。ところでホステルとはどういう意味でしょうか？

長坂　ホステルというのは、海外のバックパッカーが利用している簡易な宿で、ベットひとつから貸す形態の宿泊施設です。ホステルを日本の法律的に当てはめると簡易宿所営業に当てはまります。

簡易宿所なら京成線が狙い目

板垣　そのホステルを長坂さんに「やろう！」と持ちかけたのがその外国人の友人の方？

長坂　具体的に簡易宿所営業で営業許可を取ろうと思ったのは僕です。彼は最初「Airbnbをやろうよ」と言っていました。でも僕はどうせ起業するなら、法律に適応しているホステルがいいと思ったんです。

板垣　中古の物件を購入したのですか？

長坂　1棟まるまる借上げ（1戸ではなくて、1棟で賃貸契約を結んでいる）をしています。浅草などの立地がとても良い場所であれば、購入してもいいと思いますが。我々がホステルを持っている青砥駅付近は、まだ誰も手を出してない空白地帯だったため、リスクを考えて賃貸にしました。

板垣　オーナーから1棟を借上げて、自分たちでリフォームをして？

長坂　はい。畳まで自分たちで剥がして大変な目にあいました（苦笑）。

板垣　それで簡易宿所の許可を取ったんですね。青砥駅を選んだ理由は？

長坂　立地です。成田空港と羽田空港の2つの空港から直で来れて、しかも新幹線の上野駅、品川駅からも直結されています。浅草も空港直結です。

板垣　それは理想的ですね！

長坂　羽田空港と成田空港を結んでいる京成線は狙い目ですね。観光客は乗り換えを失敗しますから。

じつは僕がバックパッカー時代、イタリアで乗り換えを失敗してよくわからないところへ行ってしまい、大変な目にあったことがあるんですよ。日本人の大部分は英語がわからないし。だから乗り換えをしなくてもいい立地は良いと思ったのです。

もうひとつは、近所にライバルがいないことです。とくに巨大資本がいないところで、差別化をして営業したかったのです。そう考えたとき、ちょうど青砥駅がよかったんです。

板垣　その物件はどうやって見つけたのですか？

長坂　自分の足で探しました。オーナーとの交渉から行政との折衝、リフォームを経て7月にオープンしました。幸いなことに初月から売上が結構あって、起業はなんとか成功しました。

板垣　事業計画はどうやって立てたのですか？

長坂　エクセルを駆使して自分で作りました。内装に600万円かけていますがちょっと高かったと思っています。最大で15人、2段ベッドで収容できます。ほとんどバックパッカーが泊まり、共通語の英語でみんなワイワイしながら飲みに出かけるんですよ。客単価は2400円。平均で1人3~4泊しますね。居座る人は1か月も泊まります。

板垣　外国人の需要と法律に詳しいというのは特徴になりますね。

長坂　ありがとうございます。おかげさまで今はホステルの経営とコンサルティングで忙しくしています。

「おもてなし投資」で将来性のあるエリアは？

板垣　今後、インバウンドで考えたとき、日本全国でみて、可能性のあるエリアはどこでしょうか。沖縄・大阪・京都でしょうか。

長坂　広島・名古屋もです。新幹線が通るから。

板垣　インドからのお客様は、100％広島に行くと聞きます。インドは小学校で広島のことを熱心に勉強するそうです。

長坂　広島は欧米人も平和記念資料館に行き、原爆の恐ろしさを学んでいますよ。それと宮島は人気あります。

板垣　では、外国人旅行客の好む、日本旅行のゴールデンルートは、東京・名古屋・京都・大阪・姫路・広島・福岡まででしょうか。ちょっと四国が取り残されているけれど。

長坂　原爆の歴史を考えれば、長崎も入るかもしれませんが、だいたい広島で満足しますね。広島でエンドでしょう。

　また、北陸の方も昇龍道（ドラゴンルート）といって、中部地方の愛知県・岐阜県・富山県・石川県を南から北へと縦断する新しい旅の観光ルートを提唱していますね。

板垣　インバウンドを不動産投資として考えたときに、普通の住宅を簡易宿所に転用できるのはすごいと思っています。とくに地方の空き家は存在自体がマイナスになっていますから、これが日本の良さ、おもてなしの心でバリューアップすることで、プラスの存在になれば、すごくいいと思います。

長坂　日本国内だけで考えると、東京に一極集中せざるを得ません。日本の地価は高いですが、インバウンドで考えれば、地方であっても東京は同じくらいに魅力がある都市もたくさんあります。

板垣　宿泊費と土地値で考えると、あきらかに地方の方が費用対効果は高いでしょうね。そう考えると日本全国に目を向けることは、ますます魅力に感じます。もっともっとインバウンドが盛り上がれば、この先の時代は空き家が救世主になるかもしれませんね。

長坂　そう思います。

個人旅行が新しい旅の形をつくる

板垣　究極の個人旅行といえば、バックパッカーを思い浮かべます。バックパッカーは単身じゃないですか。単身・カップル・ファミリーでは観光ルートは異なるものでしょうか。

長坂　だいたい同じです。東京に着いて京都～大阪というコース。あるいは大阪に着いて京都～東京。

板垣　あとは富士山もとても人気です。バックパッカーの滞在日数はどれくらいでしょうか。

長坂　バックパッカーの滞在日数は、日本に

2週間ほどいて東京に3～4日です。2～3日ずつ各地を回る感じですね。

板垣　ファミリーだと1週間くらいと聞きます。関西（京都）と関東（東京）を半分ずつ。中国人は団体でやって来るイメージが強いけれど、最初の団体旅行で来たとき、土産物屋の押し付けが嫌になって、2度目3度目は個人旅行を好むそうです。

長坂　それはかつての日本人もきっと同じだったんでしょうね。押し付けが嫌になり、ホテルも予約ができるようになったし。昔は英語でリコンファームしないといけなかったんですよ。

板垣　リコンファーム？

長坂　数日前に「私は飛行機に乗ります」と電話で言わなければ、そうしないと他の人に座席を回されてしまうんですよ。ぎりぎり僕の世代まであり、2005年頃、20歳のときにスイスで電話したことをよく覚えています。

板垣　そう考えると世界に出やすくなりましたね。LCC（ローコストキャリア）も増えて、日本へのビザが緩和され、各国からも日本にすごく来やすくなりました。

長坂　東南アジアの所得水準も急上昇していますし、もう時代がちがうんでしょうね。日本がじりじりと下がっている間に、アジアはどんどん豊かになっています。そして「日本は安い！」という感覚になっています。

板垣　バブル時に日本人が海外へ押し寄せて

ブランド品を買い漁って顰蹙（ひんしゅく）を買っていましたが、今は中国人の時代です。もう日本人は外国に出て行くのではなく、受け入れる国の立場になってしまったのだと感じます。

長坂　航空会社がそういう体制になっていると聞きます。ＡＮＡもＪＡＬも、国内の予算を減らして海外でＰＲしています。アウトバウンドよりインバウンドへ。パリで「日本へ行こう！」とキャンペーンしているそうですよ。でもじつは日本の出国者数は１３００万人で横ばいです。

板垣　それより入国者数の方が、圧倒的に増えているのですから。

長坂　あとは日本人も旅慣れてきて、団体ツアーでは海外へあまり行かないですよね。群れてないので目立たないのではないでしょうか。

板垣　日本人もハワイに憧れて、一生に一度の海外旅行から何度も行けるようになりました。そして、お仕着せの団体ツアーから個人旅行へ変換していきました。これからアジア人がたどる道で、これから個人旅行客もどんどん来るようになると思います。

長坂　ＬＣＣの影響は大きいと感じます。タイやインドネシアといったアジア人が劇的に伸びていくでしょうし、観光庁の発表によると、欧米人旅行客も増加しています。

どうしても中国は母数が多いので目立ちますが、他の国の旅行者もたくさん来ています。日本の不動産産業は人口減少の逆風下ですが、訪日旅行業界の成長を追い風にすれば、現状ほとんど価値の無い不動産も現金を生むようになるのは間違い有りません。この業界に参入するなら、東京オリンピックまでは絶好の機会と断言できます。

板垣　その通りですね！　本日はどうもありがとうございました。

コラム
これからの「おもてなし投資」

第3部

Airbnb、突撃取材編

話題の「Airbnb」運営会社の人から
いろいろ聞いてみた！

外国人向けの賃貸経営といえば、話題のAirbnbは外せません。

おもてなし投資を実践するにあたって、知るべきことだと思い、Airbnbの運営会社さんに、インタビュー取材をさせていただきました。

100戸の物件を運営代行するスペシャリストの方より、信じられないほどリアルな話をたくさん聞いてきました。

【取材させていただいたAirbnbのプロ】
CSコーポレーション株式会社　福山俊介さん
・元メーカーで製品管理システムの開発を担当していたが、紹介で賃貸不動産の管理運営業務へ転職。Airbnbの代行運営業務は6月から行っている。現在代行する戸数は100戸。

★CSコーポレーション株式会社
http://www.cscrp.net

Part1 基礎知識編

Airbnbって何?
~誰にでも簡単にできる民泊ビジネス~

――本日はいろいろお話を聞かせてください。どうぞ、よろしくお願いいたします。

まず福山さんはどのような経緯でAirbnbの運営をすることになったのでしょうか。

福山「元々は大手電機メーカーで、製品管理システムの開発をしていました。知人に声をかけられて、Jリーグチームのサイト運営を手伝いながら、知人所有の不動産の簡単な家賃管理や入居者管理システムをつくっているうちに不動産に興味を持ちはじめ、不動産業界の仕事をするようになりました。今はおもにAirbnb運営代行の実務を行っています」

――まず、基本的なことですが、Airbnbとは何でしょう。

福山「簡単にいえば民泊のマッチングサイトです。民泊というのは、自分の家に人を泊めるということで、Airbnbは旅先で宿を探すゲストと、現地で部屋を貸したいホストのマッチングを、手数料をとって行うインターネットサイトです。

2008年、アメリカのサンフランシスコで生まれたサービスで、日本では今年から急激に盛り上がっています」

――どうやって使いますか？　仕組みについて教えてください。

福山「部屋を借りたいゲスト、部屋を貸したいホストともに、まずはアカウント登録から行います。無料で登録して宿泊先の検索を行い、オンライン予約をすることができます。

ホストとゲストはAirbnbを通じて、プロフィールを知ったりメッセージのやりとりができるので、まるで友人の家に泊まりに行くような感覚で利用できます。旅行の概念を変える画期的なサービスとして、テレビや新聞などマスコミでも話題になっています」

――やりとりは英語ですか？

福山「そうですね。基本が英語で中国語もできるとより強いと思います。やり取りの中心はSNSのメッセージになるので、Google翻訳やLINE翻訳といった無料のインターネットサービスに頼ることもできますから、必ずしも語学に堪能でなくても大丈夫です」

――なるほど。パソコンがあれば、なんとかなりますね。

福山「スマホがあれば大丈夫ですよ。その他、駅からの道順や交通機関の乗り換えなど、よく聞かれることは定型文にしておき、コピペで対応できるよう準備しておきます。また、部屋へは靴を脱いであがる、家電製品の使い方といったことは、部屋に貼り紙をしたり、部屋へご案内するときに説明しています」

――つまり準備さえしておけば、英語が話せなくても、ホストができるのですね！

福山「そうです。とくに難しいことはありません。トップページのアカウント作

Airbnbアカウント登録に必要なもの（ホストを行う場合）
○メールアドレス
○プロフィール画像
○電話番号
△パスポート
△SNSのアカウント（Facebookなど）

成から簡単に登録することができます。Facebookアカウントもしくは、Googleアカウントでの登録も可能です。ホストを行うのであれば、必ずプロフィールをしっかり埋めましょう。プロフィール画像もイラストや動物ではなくて、顔がわかるものを使うことで信頼につながります。

また、ＩＤ認証といってＳＮＳや電話番号、パスポート等を認証させます。政府ＩＤというのが、パスポートの認証です。たくさんの認証をしっかり行っていくことで、信頼できるAirbnbユーザーであることをアピールできます」

——すべてインターネット上でできるので

Airbnbに支払う手数料	
・ホストサービス料	宿泊料金の3%
・ゲストサービス料	宿泊料金の6 ～ 12% ※宿泊料金と宿泊日数によって変わります

すか？

福山「そうです。パスポートの認証も写真を撮って、その場で送ります。記載事項はいろいろありますが、手続き自体はとても簡単です。

またセキュリティもしっかりしています。Facebookアカウントを認証させたからといって、友達に『Airbnbはじめました！』と出まわったりすることはありません」

――どんな人が泊まりにくるのでしょうか。

福山「現在Airbnbは190か国で、全世界80万件以上の宿を提供しているそうです。

そのため世界各国の人たちが利用しています。日本へも本当に様々な外国人が泊まりにきます。浅草周辺エリアでいえば、やってみてわかってきたのはアジア系が多いことです。一番は中国で、2番目にタイや韓国、台湾。欧米からも来ます」

——Airbnbの利用料というのは、かかるのでしょうか。

福山「アカウント登録や宿泊先を検索する分は無料です。実際に予約をしたときに、ホストもゲストも決められたサービス料を仲介手数料として支払う仕組みです。それもゲストであれば支払った宿泊料、ホストであれば受け取った宿泊料から自動的に引かれるため、特別な手続きはいりません」

Part2 準備編

Airbnbのはじめ方は？
～資金0でも可能～

――Airbnbのホストをはじめるためには、どんな準備は必要でしょうか。

福山「まず、『どんな部屋を提供するのか』から決めます。カテゴリは『シェアルーム』『個室』『まるまる貸切』があります。それこそ、自分の部屋に布団を引くスペースがあれば、それを1ベットとして貸すことができます」

——つまり、自己資金0からできるということでしょうか。

福山「自分の部屋というのはともかくとして、一軒家に夫婦2人住まいの方で、すでに子どもが独立していて、部屋が空いているケースなどは、家具や家電もそろっていますから、まったく自己資金をかけることなくAirbnbをはじめることができます」

——では、投資として一から準備するのでは?

福山「物件を購入するというところからはじめるなら、

部屋の種類	特徴	貸し方のケース
・シェアルーム	1つの部屋をシェアする。ベッド1台から貸すことができる。	自室の1部を貸す。
・個室	1つの個室を貸して、キッチン・バスルームなどは共有。	自宅の1室を貸す。
・まるまる貸切	1世帯を貸し出す。玄関・キッチン・バスルームなどすべて専用となる。	空き戸建てを貸す。アパート・マンションの1室を貸す。

大きく資金が必要ですが、アパート・マンションや空き戸建てのオーナーであれば、30㎡までの1ベットルーム。いわゆる1Kやワンルームなら20万円くらいからできます。最低限の家具と家電を用意すればいいですから。

家具やリネン類はニトリやネット通販などで購入してもいいですし、家電も中古で購入できれば、かなり安くそろえられます。食器や調理器具などは100円ショップのものでも大丈夫ですよ」

——たとえば、家電を新品で揃えたり、高価な家具を置いたり、やり方によっては高くもなると思います。Airbnbを見ていると、そうした高級物件もありますが、自己資金のかけ方はどのように考えたらいいでしょうか。

福山「私たちのやり方でいうと、初期費用は物件の維持費（固定資産税など）抜いて3か月で回収できる金額を基準としています。2名でゆったりすごせて4名最大定員の部屋で、初期費用は30万円（家具家電付）。自主管理で運営すれば、1・5か月で回収、運営代行なら3か月程度で回収できます。

ローンがあるとまた変わってきます。できれば、安い物件を現金で購入するか、すでに所有している物件を貸し出す方がやりやすいと思います」

――部屋づくりのポイントはありますか？

福山「インテリアに工夫している物件も多いですが、とくにルールはありません。何がいいかといえば、和室の受けがいいことです。日本人向けの賃貸では和室はNG、洋室にしなければ受けが悪いですが、Airbnbの場合は、和室＋布団は喜ばれ

準備リスト	内訳
・家具	ダイニングセット・ソファ
・家電	冷蔵庫・電子レンジ・炊飯器・洗濯機・ドライヤー・テレビ
・寝具・リネン	ベッド（布団でも可）・シーツ類・タオル類
・消耗品	シャンプー・リンス・洗剤類
・キッチン用品	食器・調理器具・調味料
・インターネット環境	ポケットwi-fi
・清掃用品	掃除機・ゴミ箱

ますし、築年数が古くても趣きがあると思ってもらえます。畳が古ければ表替えをすればいいので、フローリングへ張り替えることを思えば非常にリーズナブルです。

見栄えで和風の小物をあしらった工夫を活かすことができます。ただし、水回りはキレイにした方がいいですね。あとはキッチンのコンロはガスよりＩＨコンロの方が事故になりにくいので良いと思います」

――部屋づくりができたら、Airbnbに登録するのですか？

福山「そうです。Airbnbでは、登録されている部屋の紹介を『リスティング』といいますが、リスティング登録を行います。じつは、これがもっとも大変な作業です。基本は英語表記ですがアジアのお客さんも多いので、知り合いに中国語へ翻訳してもらいました。また写真がすごく大事です」

――写真も自分で登録するのですか？

福山「そうです。Airbnbからもカメラマンを派遣してくれるのですが、現状では物件数が増えて、すぐに来てくれません。そこで工夫をして自分たちで撮影していま す。リスティングでは写真がズラリと並びますから、ここでいかにインパクトを与えるかが重要です」

――リスティングはどんなことを書くのでしょうか。

福山「物件タイプから定員、部屋の特徴をアピールしたり、アメニティ・設備の紹介、ハウスルールといって部屋を使用する際の規則、またキャンセルポリシーから、近隣の観光地など、とにかくあらゆる情報を書きます」

――リスティングでとくにチェックされることはなんでしょう。

福山「利便性です。駅近、浅草、スカイツリーに歩いて行ける。渋谷まで地下鉄で、1本でいけるというのは強いですね。ポイントは観光地に近いこと、または駅に近い、空港からの利便性がいいといったことも特徴になると思います」

――どんな部屋が受けますか？

福山「年代も国籍もバラバラですし、カップルなのかファミリーなのか友人同士なのかによって需要が変わりますから一概にはいえません。しいていえば、浅草周辺を好むアジア人はファミリーが多いので、大人数グループが対応できる部屋は競争力があると思います」

——では、私の戸建ては向いていますね。

福山「日本旅館に泊まりたいというニーズもあるので、和風の部屋はいいと思いますよ。また、Airbnbは、初期費用のかからないワンルームで2～3人定員で行っているケースが多いので、その点でも定員が多い部屋は競争力になります。

たとえば、都内で2名定員の部屋を探すとそれこそ数えきれないくらいありますが、10名のグループ対応の部屋となれば、数がグッと減ります」

——なるほど！　グループ客の注意事項というのはありますか。

福山「単純に人数が多いということは、騒がしくなる可能性が高いですよね。一戸建てならいいですが、マンションの一室だったりすると、騒音のクレームがくる可能性があります。基本的に旅行者は観光がメインで部屋にはあまりいないものですが、若者グループだったりすれば、部屋でお酒を飲んで騒ぐことがありますから。とくにベランダや庭は近所に音が筒抜けですから、20時以降は外で騒がないようハウスルールをしっかり決めます」

――他に注意はありますか？

福山「宿泊費は自由に決められるのですが、たとえば3人で1万5000円としたとします。2人のお客さんでも1万5000円になりますが、これを2名1万5000円で、3人目をプラス3000円という設定もできます。その場合、2人のお客さんから見れば、どちらも変わりませんが、3人のお客さんからすると前者の方が得ですよね。

見る人により値段のとらえ方が違うので、どこをターゲットにするか。3人をターゲットにするのか、それとも1人に絞り、プラスいくらで値上げさせていくか。物件対応に合わせた戦略を練る必要があります。また清掃費は宿泊料とは別に設定できるものですが、清掃費に関してはあえて相場より安くして『この部屋は得だな』と思わせるやり方もあります」

——自由に決められる分だけ、やりようがあって悩みますね。そもそも料金はどうやって決めたらいいでしょうか。

福山「Airbnbでは料金のヒントになるよう相場が書いてあります。相場はシーズンによって大きく変動しますから、あまりアテにはできません。あくまで参考程度にします。もっとも重視するのは稼働率、それから売上です。しっかり埋まるように常に価格をコントロールしています」

——なるほど。割引をすることもあるのでしょうか。

横山「スペシャルオファーといって、特定のゲストのために、料金をディスカウントしたり宿泊条件をアレンジして提示する予約のお誘いがありますが、個別対応のディスカウントは別として、宿泊費全体を下げてしまうと、客層が変わります。Airbnbのゲストは、『とにかく安ければいい』という人から、『日本の文化を楽しみたい』『変わった部屋に泊まってみたい』という人まで、求めるものが変わってきます。

安くし過ぎてしまうと、やはり相応のお客さんがやってきますから、安易に値下げをしないやり方をおすすめしています。ただし、これはオーナー、物件、エリアによりやり方は様々ですから、一概に『○○しなくてはいけない』とはいえません。簡単に設定の変更はできるので、いろいろ試行錯誤しながら決めていきます」

お金はどうやって受け取るの？ ～すぐれた管理システム～

――宿泊料はどのようにして受け取るのでしょう。

福山「まずゲストは予約確定時にクレジットカードを使ってAirbnbへ支払います。すると、Airbnbはそのお金を、ゲストのチェックインの24時間後にホストに送金する仕組みになっています」

――ホストは宿泊費をどのように受け取るのでしょうか。

支払い通貨	選べる支払い方法
・ドル	ペイオニア・ペイパル
・円	銀行振込

福山「送金方法は『ペイパル』『ペイオニア』『銀行振込』から選ぶことができます。ドルで受け取りたければ、ペイパルがおすすめです。ペイパルとはインターネット決済サービスで、メールアドレスがあればカード決済ができるため、海外通販などでよく使われています。

ペイオニアはAmazon輸入でよく使われているアメリカの法人口座レンタルサービスです。こちらは口座維持のための手数料がかかりますのでおすすめできません。円で受け取りたいのであれば銀行振込です。なんと手数料無料です」

――それは便利ですね。

福山「Airbnbの魅力は、予約管理のしやすさと、この入金管理のシステムにあると思います。カレンダー設定で細かく値段を決められますし、たとえば、自宅を貸している場合なら『親戚がくるから、お正月はAirbnbをお休みしたい』ということがあれば、簡単にお休みできます、キャンセルポリシーも自由に決められます。

また、支払いもスムーズに行えるので、普通賃貸でありがちな家賃滞納のリスクがないのです。予約の状況も入金の詳細についてもAirbnbのサイトでいつでも確認できますから本当に便利です。こういった仕組みが整っているので、誰でも気軽に民泊ビジネスにチャレンジできるのだと思います」

Part3 運営編

運営代行の会社の仕事は？
～すべてをおまかせできる！～

――福山さんの会社では、具体的にどのような業務をされているのですか。

福山「予約対応をはじめゲストとの対応すべてを行っています。鍵の受け渡し、集金管理、リネンクリーニング、清掃、消耗品の補充などです」

――他の運営会社との違いはありますか？

福山「まず、特徴としては英語だけでなくて中国語の対応も可能です。スタッフに、スーパーホストのスタッフが５人います」

――スーパーホストとは何でしょうか？

福山「スーパーホストとはAirbnbで一定の条件をクリアしたホストのことです。スーパーホストになれば、プロフィール欄に認定メダルがつきます。ゲストからすれば、スーパーホストは、信頼できるホストの証です」

——スーパーホストになると何がいいのでしょうか。

福山「たくさんのライバル物件があるエリアでは、スーパーホストはSEOとして有利に働きますから、リスティング選びのときに優位に立てます。

まだ使ったことはないのですがスーパーホスト専用のオペレーターがいまして、トラブル時に優先的に手厚いサポートを受けることができます。

スーパーホストの資格を1年間保持できれば、特典としてAirbnbで使える100ドル相当の旅行クーポン券をプレゼントされます。カンファレンスへの優先招待、新サービスやトライアル製品を先駆けて利用する権利を持ちます」

——どうしたらスーパーホストになれますか。

福山「条件が3つあります。1つ目が『宿泊実績が10件以上・リクエスト返答率が90%超えであること』。これは、宿泊受入れの実績が10件以上あって、過去1年間の予約リクエストに対しては90%以上レスポンスをしていなければなりません。

2つ目は『ゲストの半数以上から評価を受け、レビュー8割以上が星5つであること』。これが難しい条件です。宿泊したゲストの半数以上がレビューを書いて、さらにそのレビューの8割以上が、星5つで評価すること。レビューとは宿泊の感想です」

――「楽天」などのネットショッピングや、「食べログ」といったレストランサイトにある、クチコミ記事ですよね。

福山「そうです。スーパーホストにならなくても、レビューはリスティング選びで参考にされていますから、良いレビューが複数ついていることは重要です。

レビューを書いてもらうための努力が必要で、よく言われるのは顔を合せて交流するほど、レビュー記入率が高くなるといわれます。またゲストと顔を合わせると部屋を大切に使ってもらえます」

――では、ゲストと積極的に交流して、「レビューを残したい」と思わせる、おも

スーパーホストになれる3つの条件
・宿泊実績が10件以上・リクエスト返答率が90％超えであること
・ゲストの半数以上から評価を受け、レビュー8割以上が星5つであること
・確定した予約はキャンセルせず、すべて宿泊完了まで履行すること

てなしをするのですね。

福山「そうです。それこそ、自宅にゲストを招いているようなゲストはいいかもしれませんが、副業でやっているような人、不動産オーナーだとなかなかできませんよね。だからこそ、私たちのような運営会社が代わりに行っています。

『おもてなし』の例でいうと、冷蔵庫にはミネラルウオーターをサービスで入れてますし、急須と電気ポットのセットがあり日本茶とコーヒーが飲めます。

外国人ゲストに喜ばれる日本のお菓子も用意します。最初は和菓子を出したのですが、あまり受けがよくなかったのと、生菓子は賞味期限もあるので、日本の子どもが食べるスナック菓子にしたところ、すごく喜ばれています。
お菓子は日本製のポテトチップが人気です。外国にはない、いろいろな味があるのもいいようです。高級品ではなく、庶民的なものが好まれるのだと驚きました」

――やってみないとわからないものですね。ほかにレビューを伸ばすコツはありますか。

福山「できる限りゲストの要望に応えることです。基本はメール返信を24時間以内しっかりすることです。とにかく丁寧な対応を心がけます。近隣のショップや観光地の案内をつくったりしています。その辺はサービス業に通じていると思いますね。交流以外でいうと、部屋を徹底的に清潔に心がけることです」

――簡単そうでいて難しいのですね。

福山「そうですね。レビューをしっかり書いてもらうことは、こちらが強要できませんから。

３つ目は『確定した予約はキャンセルせず、すべて宿泊完了まで履行すること』です。確定した予約は、ホスト側の事情でキャンセルしてはいけません。やむをえない事情というのを、Airbnbでも設定していますが、基本的にはキャンセルは不可です」

――運営代行ということは予約対応からクレーム対応まで、すべてのやりとりを委託できるのですか？

福山「そうです。運営に係るすべてをおまかせください。感覚としては、アパートやマンションの賃貸管理の会社と同様ですね」

――ハウスクリーニングもお願いできるのですか。

福山「はい。私の会社では自社で清掃をしていますが、間に合わない部分はパートナー企業に委託しています。リネン類も自分たちで洗うのではなく、専門のクリーニング会社に依頼しています。やはり、こういったところで、素人感覚でやっている副業ホストとは差をつけています」

――チェックインチェックアウトの対応は？

福山「可能な限り、チェックインは待ち合わせをして物件まで案内をします。そして部屋の使い方やハウスルールについて直接説明します。そのとき、近所の情報や交通についてなど、できるかぎり丁寧に対応します」

Airbnbの儲け方は？
～物件の稼働率を上げるコツ～

――ゲストに物件を選んでもらうためのコツはありますか。

福山「リスティングを工夫しています。近隣の観光地について詳しくガイドもしています。あと、外国人旅行者にとっては、ポケットワイファイは必要不可欠なアイテムです」

――稼働率を上げる料金設定は？

福山「先ほども少しお話ししましたが、日々予約状況を見て細かく変えていきます。直前になったら安くしたり、逆にお正月などは高くても入りますから、通常の2倍の設定にします。それから、『今すぐ予約』という機能使うことで、予約率を上げることができます」

――今すぐ予約とは何でしょう？

福山「通常、Airbnbの予約は、申込み前にメッセージのやりとりをして、基本的にはホストが承認することで予約が成立します。これを『今すぐ予約』にすることで、ゲストが予約を入れたら、承認がなくても予約が成立するのです。スピードが早くなりますので、ゲストからすると『今すぐ予約』の方が便利なのです」

――ほかはありますか？

福山「ゲストがリスティングを検索するときには、日程やエリアの他に、宿泊人数も入力します。この宿泊人数を変えることによって、検索にヒットする確率が変わります。

何がいいとは言えませんが、いろいろ設定を変えてみて、その地域にあった設定をします。たとえば、同じ定員4名の部屋でも渋谷であれば少人数の方が検索にヒットしやすく、浅草であれば大人数の方がヒットします。

つまり、渋谷のケースでは、2名で1万円として、追加2000円で4名まで宿泊できるとした方が稼働率は上がり、対して浅草のケースでは、4名で14000円としたほうがヒットします。どちらも同じベッド数で同じ値段であっても、見せ方によってレスポンスが大きく変わるのです」

――そういったことは、どのように決めるのですか。

福山「実際にリスティングを掲載してみて、ちょこちょこ変えて反応を見ていくしかありません」

――平均で稼働率はどれくらいでしょうか。

福山「現在100部屋の管理をしていまして、稼働率は月によって変わりますが、おおよそ8割程度です」

――収益はどれくらいでているのでしょう。

福山「相場で賃貸に貸し出すことと比較して、2倍から2・5倍くらいでしょうか。部屋によってバラつきはありますが、平均してそれくらいだと思います」

――では、利回りが倍になるということですか？

福山「しかし、Airbnbの場合は、一般的な賃貸物件に比べて、管理委託費が高くなります。普通賃貸で3％から7％ですが、Airbnbの場合は、相場でいうと20％から30％です。ちなみにうちの会社は対面でご案内などをしているということもあり30％いただいています」

――では、シェアハウスと同じくらいですね。

福山「そうかもしれませんね。普通賃貸に比べて、ゲストとのやりとりも多く、トラブルについてもすべて運営会社で対応しています」

――福山さんの会社では、どんな方が依頼しているのですか。

福山「実際、ホストを行っている人は、普通の主婦から学生さん、外国人といろいろいると思いますが、うちでお預かりしているのは、ほとんどが不動産オーナーですね。もともと賃貸不動産の管理をしていたこともあり、その辺が実績となって委託を受けています。地主さんもいればサラリーマン大家さんもいます」

Airbnbの経費は？ 〜アパート・マンション経営との比較〜

——経費についてですが、運営代行費には何が含まれていますか。

福山「予約管理、鍵の受け渡し、クレーム対応といったゲストとの対応すべてと、入金管理ですね。ここまでは普通賃貸と同じです。あとは、消耗品の補充が月々の運営代行費に含まれています。別途となるのは光熱費とポケットワイファイといった通信費、リネン類のクリーニング費用などです。

光熱費についてはLEDライトを使うなど、節電の工夫はしていますが、実際のところゲストは観光客ですから、ほとんど部屋にいないため、思ったより電気代はかかりません」

——アパート・マンションに比べれば倍くらいの経費はかかりそうですね。

福山「そうですね。そのため普通賃貸からAirbnbへの転用を考える際、収益をシミュレーションするときは、経費をしっかり計算しないといけません。うちではそういうことはありませんが、稼働率が良くない物件では、結局、経費と手間ばかりがかかって利益にならないという話も聞きます」

——どんな物件がAirbnbに向いていますか？

福山「一番は立地です。アパート・マンションも立地が大切ですが、外国人旅行客にとって良い立地ですね。あとは閑静な住宅街ではクレームになりやすいので、商店街の中や大きな通りに面しているなど、そこそこ商業的な地域が向いていると思います。

区分マンションは管理規約の問題があるので、注意が必要です。あとは、築年数が古くてもいいので、水回りは新しいことです」

――それはなぜですか？

福山「最近はあまり見かけませんが、和式トイレは外国人にはＮＧです。あとは、瞬間湯沸かし器のキッチンやバランス釜のお風呂は、使い勝手が悪いですし、壊れたときに緊急で修理しなくてはいけません。だから、後々を考えると、あまりにも古い設備は、あらかじめ交換して最新のものにした方がいいと思います」

――なるほど。

福山「どちらにしてもエリアや間取り、駅からの近さ、まわりの環境など複合的な要素で判断します。大家さんの依頼でAirbnbに向いているかどうかの無料診断も行っています」

――実際に見てもらうことが大事なんですね。

福山「そうです。おかげで最近は都内のあちこちを飛び回っています（笑）」

Airbnbの注意点～よくあるトラブル～

――物が紛失したりといったトラブルはありませんか？

福山「それが意外にも、ありません。逆におみやげをもらったりするくらいです。基本的に民泊ですから、お友達の部屋に泊まる感覚があるのかもしれません。

一度、ポケットワイファイ壊れましたが、ワイファイの保険に加入していたので無償交換してもらいました。Airbnbではホスト補償といった、ホストの損害を補償するサービスもありますが、まだ使用したことはありません」

――浅草周辺では、アジア人が多いとのことですが、マナーの悪さはありませんか？

福山「欧米人の若いグループが宴会をしてクレームになったことはありますが、家族で来る方で迷惑なゲストはいませんね。値段設定でそれほど安くしていないのも理由かもしれません。

　中国人ゲストも、世間で思い描く中国人旅行者より、マナーの良い人たちが来ます。確かにゴミが多かったり、靴をいっぱい買ったのか、空き箱が捨てられていたことはありますが、常識外れのお客さんはいません。個人で旅行しているから、本当に楽しみたい気持ちがあるのだと思います」

――テレビで言われる印象とは違いますね。

福山「ただ、文化の違いやその国の事情と違うところはありますね。トイレットペーパーをトイレに流さず、ゴミ箱に捨てられることはあります。アジアは下水事情の悪い国があるので、ゴミ箱に捨てる習慣があるのです。これにはポップで『トイレ

に流してください』と書いて対処しています。他の注意書きでは

・タバコは吸わないで
・夜遅くは騒がない
・外出時は電気を切って
・玄関先で大声でしゃべらない

これを英語で書いています。最近は中国語も加えています」

――ほかにトラブルはありませんか？

福山「迷子は多いですね。アジアのお客さんは夜の便が多く、成田空港へ夜8時に着くと、スムーズに来ても浅草に到着するのは10時を過ぎます。初期の頃の話ですが、スタッフがお迎えに行ったところ、ゲストとなかなか会えない・・・ということがありました。

私も勉強不足でしたが、浅草は駅が複数あるので間違えやすいのです。どうやら待合せの駅が違っていたようです。電話がうまくつながらず、かれこれ1時間くらい待って、ようやく電話が通じて合流ができたそうです。

今は『間違えやすいところを待合せ場所に設定しない』、『わかりやすいマップをつくって送る』といった工夫をしていますが、ゲストの中には案内をよく見ていない人もいますから、迷子はなくなりませんね。

あとは時間の感覚です。日本は時間通りに動くのが普通ですが、外国人はアバウトですね。チェックアウトの時間をすぎて清掃にいったら、部屋でくつろいでいた・・・なんてことはあります」

今後、法律はどうなる？～規制緩和、特区13条について～

——Airbnbは法律的にはどうなっているのでしょうか。

福山「戸建てもそうですが、アパートやマンションを貸し出すことは、本来、宅建業法に則して行われます。ただし短い期間で貸し出すことは、旅館業法に抵触すると言われています。この辺は議論があるところです。しかし、安倍政権の打ち出した国家戦略法で緩和が進められています」

――それはどういうことですか？

福山「国家戦略特別区域法（特区13条）では、国家戦略特区において、一定の基準を満たすことで、旅館業法の適用除外が受けられます。民泊を拡大するのは、訪日客の増加につれて都心の宿泊施設不足が深刻化しているためです。

特区内で民泊を認める要件を緩和して、同じ住宅に最低7～10日滞在する客に限定している日数要件を短縮する方向で検討しています。

これは2020年の東京オリンピックを見据えた政策です。たしかに東京はもちろん、大阪も京都もホテルが足りていないと言われています。その一方で、日本には深刻な空き家問題もありますから、民泊を可能とすることで可能性が広がります」

——私は浅草に住んでいたので、それは肌で感じていました。外国人はすごく増えています。

福山「ご存じのように今、日本はインバウンドビジネスで大きな利益が出ています。国としても外国人旅行客をもっともっと増やしたいという意向です。

10月のニュースですが全国に先駆けて、東京都大田区が動き出しています。2020年の東京オリンピック、パラリンピックに向け、区が主体となり民泊を推進する方針を明らかにしています。

東京都都市再生分科会で大田区・松原区長が表明したもので、大田区は『年内にも条例を制定する』としていますから、これからの民泊解禁に向けての動きは加速していくと思われます」

——国も各行政も民泊ビジネスに対して積極的になっているということがわかりました。本日は、ためになるお話ありがとうございました！

あとがき

最後までお読みいただきまして、ありがとうございました。

「おもてなし投資」について少しはご理解いただけたでしょうか。


最近の私は東京都内のあちこちを毎日飛び回っています。

デザイナーといっても住まいづくりですから、キレイなショールームというよりは、おもに工事現場へ出向きます。肉体労働とまでいかなくても、重たいものをたくさん積んで、車を運転しています。

新築も中古もありますが、プランニングから関わって、徐々に形になっていくのはとても楽しくやりがいのある仕事です。

もちろん、まだまだ私だけの力だけではなくて、実際に工事を行う職人さんたちの力、外国人の客付や簡易宿所のプロの方々のお力添えがあってこそですが（笑）。

東京は魅力的な都市ですが、東京だけでなく日本全国にはまだまだステキな街があります。外国人ゲストはユーチューブやブログ、ＳＮＳを使って、日本の良いところを広めてくれます。

私は最近、京都に行ったのですが、外国人に一番人気の神社が伏見稲荷神社ということを初めて知りました。てっきり清水寺かと・・・。また、日本茶（グリーンティ）がいますごくブームになっているそうです。

私たちにとっての日本の常識や文化を海外の方がどう捉えるか？　というのはまた別の視点だということですね。

古びて朽ちかけた空き家に、新しい命を吹き込むと、大きな価値が産まれます。これも周りの方からは「そんなオンボロで借りる人いるの？」と言われますが、私にはお宝の完成です！

そんな楽しみも「おもてなし投資」の魅力の一つだと思っています。

私の「おもてなし投資」も、いままでの不動産投資の常識とはちょっと違いますが、大きな希望と手応えを感じています。まだまだはじめたばかりですが、これからもっと研究を重ねて、「おもてなし投資」の楽しさを広めていけたらと思っています。

最後におもてなしプロジェクトのパートナーである株式会社WeInsの長坂創太さん、AirbnbのプロCSコーポレーション株式会社の福山俊介さん、取材協力ありがとうございました！　それから、いつも一緒にお仕事させていただいている不動産コンサルティング会社の皆さんにも感謝いたします。

そして、私のわがままを受け止めてくれた主人、３人の子どもたちにも感謝しています。

ふわふわして頼りないところもあるママだけど、一生懸命お仕事しています。だから、あなたたちも自分の道を信じて精一杯がんばってね！

板垣ひろ美

平成27年　秋

・著者プロフィール

板垣 ひろ美（いたがき ひろみ）

静岡県浜松市出身。自営業の夫、三人の子供を持つ主婦。

お花教室の先生を行いながら、2軒の自宅のデザインを手掛ける。2軒目のマイホームである187㎡もある、通称"白亜の洋館"のデザインが評判を呼び、東京都の不動産会社よりデザインの仕事を依頼される。初仕事である女性用シェアハウスが1か月未満で満室となり、本格的に賃貸向けのデザイナーに転身、東京と浜松を往復しながらの生活スタイルがスタートする。

その後、セカンドハウスとして、墨田区向島に再建不可戸建てを購入。自分で住みがら空き室を外国人に貸し出したところ「和」のテイストを取り入れた住宅が外国人に受けて、入居申し込みが殺到。現在、自身は引っ越して、外国人専用賃貸として利回り16%で運用している。

現在は、そのノウハウを生かして、外国人向けの物件デザインの仕事を続けている。

・著者サイト　www.itagakihiromi.com/
・著者ブログ　http://ameblo.jp/taasa617/

ふわふわ主婦のインバウンド旋風で儲ける
「おもてなし」不動産投資

著　者	板垣 ひろ美
発行者	池田 雅行
発行所	株式会社 ごま書房新社 〒101-0031 東京都千代田区東神田1-5-5 マルキビル7F TEL 03-3865-8641（代） FAX 03-3865-8643
カバーデザイン	堀川 もと恵（@magimo創作所）
巻頭カラーデザイン	井関 ななえ（株式会社EmEnikE）
イラスト	あらいぴろよ
写　真	渡辺 二美一
印刷・製本	倉敷印刷株式会社

ISBN978-4-341-08632-9 C0034

ごま書房新社の本

～貯金300万円、融資なし、初心者でもできる「毎月20万の副収入」づくり～

“戸建て大家さん”はじめました！

パート主婦大家“なっちー”こと　舛添 菜穂子　著

発売たちまち重版！
Amazonベストセラー継続中。
（アパート経営部門）

【ど素人主婦が2年で“戸建て5戸取得、家賃月収30万円達成のノウハウ!】
まったくの初心者だったパート主婦が、勉強からはじめて不安と戦いながら不動産投資で成功していくまでの過程、そのノウハウを詳細に紹介。勉強方法、物件探し、融資の受け方、契約、セルフリフォーム、客付、管理、退去など戸建て投資に必要なノウハウは全て網羅。また、不動産投資つながりで知り合った著名投資家“石原博光”さん、同じく戸建てリフォームで業界随一の“松田淳”さんのノウハウ・初心者へのアドバイスもインタビュー掲載。

本体1450円＋税　四六版　248頁　ISBN978-4-341-08603-9　C0034